智库 金陵智库丛书

南京城市文化的
传承与创新

南京市社会科学院课题组◎著

中国社会科学出版社

图书在版编目（CIP）数据

南京城市文化的传承与创新／南京市社会科学院课题组著.
—北京：中国社会科学出版社，2017.11
（金陵智库丛书）
ISBN 978 – 7 – 5203 – 1193 – 9

Ⅰ.①南… Ⅱ.①南… Ⅲ.①城市文化—研究—南京
Ⅳ.①G127.531

中国版本图书馆 CIP 数据核字（2017）第 248264 号

出 版 人　赵剑英
责任编辑　王　茵　孙　萍
责任校对　胡新芳
责任印制　王　超

出　　版　中国社会科学出版社
社　　址　北京鼓楼西大街甲 158 号
邮　　编　100720
网　　址　http://www.csspw.cn
发 行 部　010 – 84083685
门 市 部　010 – 84029450
经　　销　新华书店及其他书店

印　　刷　北京君升印刷有限公司
装　　订　廊坊市广阳区广增装订厂
版　　次　2017 年 11 月第 1 版
印　　次　2017 年 11 月第 1 次印刷

开　　本　710 × 1000　1/16
印　　张　12.25
插　　页　2
字　　数　188 千字
定　　价　54.00 元

金陵智库丛书编委会

主　编　叶南客

副主编　石　奎　　张石平　　张佳利

编　委　邓　攀　　朱未易　　黄　南
　　　　谭志云　　周蜀秦

总　序

　　加强智库建设、提升智库的决策服务能力，在当今世界已经成为国家治理体系的重要组成部分。十八届三中全会通过的《中共中央关于全面深化改革若干重大问题的决定》明确强调，要"加强中国特色新型智库建设，建立健全决策咨询制度"。2015年，中共中央办公厅、国务院办公厅据此印发了《关于加强中国特色新型智库建设的意见》。2016年，习近平总书记在哲学社会科学工作座谈会上的重要讲话，鲜明地提出了"加快构建中国特色哲学社会科学"这一战略任务，为当前和今后一个时期我国哲学社会科学的发展指明了方向。2017年，在党和国家事业发生历史性变革之际，习近平总书记在党的十九大报告中深刻阐述了新时代坚持和发展中国特色社会主义的一系列重大理论和实践问题，提出了未来一个时期党和国家事业发展的大政方针和行动纲领，进一步统一了全党思想，吹响了决胜全面建成小康社会、夺取新时代中国特色社会主义伟大胜利、实现中华民族伟大复兴中国梦的号角！在这一关键阶段，充分发挥新型智库的功能，服务科学决策，破解发展难题，提升城市与区域治理体系与治理能力的现代化，对促进地方经济社会的转型发展、创新发展与可持续发展，加快全面建成小康社会，实现中华民族伟大复兴的中国梦，具有重要的战略价值导向作用。

　　南京是中国东部地区重要中心城市、特大城市，在我国区域发展格局中具有重要的战略地位，其现代化国际性人文绿都的定位已经被广为知晓、深入人心，近年来在科教名城、软件名城、文化名城以及幸福都市的建设等方面，居于国内同类城市的前列。在全力推进全面深化改革的新阶段，南京又站在经济社会转型发展和加速现代化的新的制高点上，围绕江苏"两聚一高"和本市"两高两强"新目标要求，加快建设"强富美高"新南京。如何在"五位一体"的总布局下，落实全面深化改革的各项举措，聚力创新加快转型，亟需新型智库立足时代的前沿，提供战略的指点与富有成效的实践引导，对一些发展难题提出具体的政策建议和咨询意见。

值得称道的是，在国内社科系统和地方智库一直具有重要影响力的南京市社会科学院及其主导的江苏省级重点培育智库——创新型城市研究院，近年来围绕南京及国内同类城市在转型发展、创新驱动、产业升级、社会管理、文化治理等一系列重大问题、前沿问题，进行富有前瞻性的、系统的研究，不仅彰显了资政服务的主导功能，成为市委、市政府以及相关部门的重要智库，同时建立起了在省内和全国具备话语权的研究中心、学术平台，形成了多个系列的研究丛书、蓝皮书和高层论坛品牌，在探索新型智库、打造一流学术品牌、城市文化名片方面，取得了令人瞩目的成绩，走出了地方智库开拓创新、深化发展的新路径。自2014年以来打造的《金陵智库丛书》，则是南京市社会科学院、创新型城市研究院的专家们近年资政服务与学术研究成果的集成，不仅对南京的城市转型以及经济、社会、文化和生态等多个方面进行了深入、系统的研究，提出了一系列富有建设性的对策建议，而且能立足南京、江苏和长三角，从国家与区域发展的战略层面破解了城市发展阶段性的一些共同性难题，实践与理论的指导价值兼具，值得在全国范围内进行推介。

《金陵智库丛书》围绕南京城市与区域发展的新挑战与新机遇，深入探讨创新驱动下的当代城市转型发展的路径与对策，相信对推动南京的全面深化改革，提升南京首位度，发挥南京在扬子江城市群发展中的带头作用，具有一定的战略引导与实践导向作用。一个城市的哲学社会科学发展水平和学术地位是衡量这座城市综合竞争力的代表性指标，是城市软实力的重要组成部分。要做好南京的社会科学工作，打造学术研究高地，必须始终坚持正确的政治方向和学术导向，必须始终坚持高远的发展目标，必须始终坚持面向社会、面向实践、面向城市开展研究，必须始终坚持特色发展打造优势学科，必须始终坚持高端人才培养优先的战略，必须始终坚持全社会联动增强社科队伍凝聚力和组织性。我们南京社科系统的专家学者，要以服务中心工作为使命，在资政服务、学术研究等方面，具有更强的使命感、更大的担当精神，敢于思考、勇于创新，善于破解发展中的难题，多出精品，多创品牌，为建设高质量、高水平的新型地方智库，为建设社科强市做出新的更大的贡献。

叶南客

（作者系江苏省社科联副主席、南京市社会科学院院长、
创新型城市研究院首席专家）

目　录

绪　论

　　文化资源是一个城市的基因，是城市特色、知名度、美誉度和核心竞争力的源泉。南京是文化强市，历史源远流长，文化博大精深，资源禀赋独特丰厚，文化生态系统多姿多彩。

　　在悠长宽厚的历史长河中，南京曾为中华民族贡献了"六朝文化""南唐文化""明文化""民国文化"等具有开创意义的几个不同历史时期的文明体系，其中包含着物质文化遗产、非物质文化遗产等不同的文化资源形态。

　　从物质文化资源看，南京拥有大量具有历史、艺术和科学价值的文物。南京的物质文化遗产在种类、数量和级别上均处于全国领先地位。例如，南京的国家级文保单位数量位列副省级城市第三。统计表明，南京市现有区县级以上的文物保护单位共计533处，其中有世界文化遗产1处，国家级文保单位49处103个，市级以上文保单位300余处。此外，在南京的51家博物馆中，一、二、三级馆藏文物达11万件之多。

　　从非物质文化资源看，南京有着丰富的非物质文化遗产资源。截至2016年3月，南京共有云锦织造技艺、金陵刻经印刷技艺、南京剪纸、古琴艺术（金陵琴派）等人类非物质文化遗产代表作4项，国家级非物质文化遗产代表项目11项，省级非物质文化遗产代表作64项，市级非物质文化遗产66项。它们共同构成了南京不同层面、不同类型的非物质文化遗产体系。

　　此外，南京人杰地灵，名人辈出。有孙权、李煜、伍子胥、王安石、刘基、方孝孺、海瑞、王羲之、顾恺之、袁枚、徐悲鸿、傅抱石、支谦、僧会等帝王将相、文人墨客以及高僧大德。他们在南京或撰写了名篇巨著，或留下了动人的故事和传说，给南京增添了无穷的韵味。

在中国历史上，南京是一座极具特色的城市。这种特色，在文化资源上有鲜明体现，主要表现为具有开创性和独特性两个方面。很多历史文化资源不但在国内具有较大影响力，而且在世界上也具有深远影响力。

在国际层面，祖冲之的圆周率、明代的城墙、明代的观象台、郑和下西洋以及大报恩寺琉璃宝塔等均具有世界层面的开创性和规模性。祖冲之是世界上第一个把圆周率的准确值精确到小数点后七位数的人。明城墙长达35.267公里，至今仍保存22.425公里，为世界之最。郑和七下西洋行程10万余里，共访问了近40个国家和地区，堪称世无其匹。建于明朝洪武十八年（1385）的观象台比英国格林尼治天文台早了290年。

在全国层面，南京的文学、艺术、典籍、出版印刷、科技、工业遗存等文化资源，在国内独占鳌头。文学方面有现存最早、影响最大的一部古代诗文总集——《昭明文选》、中国第一部文学批评理论专著——《文心雕龙》、中国现存最早的一部诗论专著《诗品》等。科教方面，有中国古代最大的科举考场——江南贡院，徐光启自制的中国第一架天文望远镜，李时珍在南京出版的《本草纲目》；建筑方面，南朝陵墓神道石刻代表了六朝石刻艺术的最高成就，明孝陵代表了明初建筑和石刻艺术的最高成就，直接影响了明清两代500多年帝王陵寝的形制，中山陵是民国时期中西合璧建筑的典范之作；秦淮灯会、金箔锻制技艺等项目被列为国家级非遗代表作。

近2500年的城市史，反映出南京这座世界历史文化名城底蕴的悠久、丰饶和深厚。南京历史文化资源反映了南京文化的基本特征，主要表现为对华夏文明的延续性、包容性和引领性。

首先，南京历史文化资源具有延续性。与其他古都不同，南京的历史独特性体现在它屡次承担过中华文明"救亡图存"的使命。一旦中原和北方遭遇游牧民族的致命性冲击，南京就会成为中原华夏文化的避难所；一旦国家重新恢复大一统的格局，南京则把这文明的火种，重新交还给中原大地。南京历史悠久，35 万年的人类活动史，6000 年的文化史，近 2500 年的建城史和 450 年的建都史，为南京积存下了深厚的文化底蕴。在漫长的历史发展过程中，伴随几次大的战乱与平定、迁徙与汇集的波动，造就了南京地区几个突出的文化积累阶段，形成了南京的远古文化、六朝文化、明清文化和民国文化的历史积淀层次。①

其次，南京历史文化资源具有包容性。南京处在中华文化南北交汇地带，历十代帝王更迭，这使南京文化具有南北交融性和开放性的特征，形成了兼收并蓄、多元共存的文化格局。其内容既包括上层贵族文化与下层市井习俗的共荣，又表现了历史兴衰更替与人民为自由抗争的并行。受其影响，南京文化资源的内容广博多样：政治色彩鲜明，文学气息浓郁，饮食文化独特，民俗风情醇厚，文物历史悠久，城市建设靓丽，从多层面展现了南京多彩的历史和辉煌的今天。②

最后，南京历史文化资源具有引领性。南京作为十朝古都，留下了丰富的古都文化资源。都城文化往往是某一时期一个国家整体文化、主流文化的缩影，是一个社会的主导性文化，具有鲜明的引领性。从六朝时期开始，南京由于文化上的强势地位，在全国具有导向性。公元 211 年，南京被定为都城，开启了中国古代史发展的新时代。中国的政治中心城市开始走出黄河文化板块的一元格局，迈向长江文化时代。南京引领了当时中国长江流域及整个南方区域的发展，对改变中国原有的北强南弱局面，整体促进中国南北地区的共同发展，为最终形成南强北弱的国土格局发挥了关键性作用。南京开启了中国近代历史的第一页，开创了民国和结束专制帝制，并引领中国走向现代国家。1978 年，南京大学胡福明老师写出的《实践是检验真理的唯一标准》一文，为改革开放吹响了理论的号角。总之，南京作为都城之时，凝聚了全国的人才优势，创造了一个又一个文化高峰，为推进中华文明的整体进步做出了巨大贡献。

---

① 叶皓：《重读南京》，《南京社会科学》2010 年第 1 期。
② 孙涉：《南京市文化旅游资源的特点与开发》，《中共南京市委党校　南京市行政学院学报》2003 年第 2 期。

第一章

南京历史文化遗产资源梳理

党的十八大报告指出,文化是民族的血脉,是人民的精神家园。全面建成小康社会,实现中华民族伟大复兴,必须推动社会主义文化大发展大繁荣,兴起社会主义文化建设新高潮,提高国家文化软实力,发挥文化引领风尚、教育人民、服务社会、推动发展的作用。历史文化遗产是传统文化资源的精髓,具有不可再生、不可替代的价值。习近平总书记在北京考察时就提出,历史文化是城市的灵魂,要像爱惜自己的生命一样保护好城市历史文化遗产。南京作为国家首批历史文化名城,拥有厚重的历史积淀、丰富的文化遗存和独特的人文景观。南京历史文化资源保护工作取得了喜人的成绩,但也存在保护机制不够健全、保护资金不足等问题。在经济快速发展的大背景下,合理开发利用历史文化资源,活化历史资源,这既是保护手段的延伸,也是使文化资源"惠民"的必由之路。

第一节　南京历史文化在全国的地位

南京是中国四大古都之一,拥有近 2500 年的建城史和 450 年的建都史,正式定都和作为陪都的时间长达 800 多年。其独特的历史文化地位,既离不开丰富的文化遗迹,又得益于得天独厚的自然环境,更离不开生于斯、长于斯的人民的创造。

一　南京古城是中国著名都城格局难得的遗存①

南京古城的历史风貌，虽然在一定程度上受到现代化建设的影响，但是南京古都格局仍相对完整。明代四重城郭的格局依然可循，明都城城郭大部分保存完好，城内南唐、明代、民国的历史轴线清晰可见，三个历史时期的街巷格局仍基本留存。② 以"十里秦淮"为轴的城南地区体现着传统民俗文化风情，以明城墙、明故宫、明孝陵为代表的明代都城建设，以及以中山陵、中山大道、国民政府办公建筑群为代表的民国都城建设，反映了南京作为都城在不同历史阶段的特征。

在中国著名古都中，南京的都城格局保留得最为完整。从中国这个文明古国在世界史中的地位、南京这个著名古都在中国城市建设史中的地位以及从南京古都格局保留相对完整性的角度，南京古城在中国乃至世界都城的保护和发展史中，占据独特的重要地位。

二　南京是具有全国和国际影响的历史事件发生地③

南京是中国近代史的起点和终结地，体现着中国近代历史的沧桑。1842 年，第一个不平等条约中英《南京条约》在南京的签订标志着我国近代史的开端。洪秀全领导的太平天国运动是我国历史上规模最大的一次农民运动。1853 年 3 月，太平天国建都南京，南京因而被马克思称为"东方革命风暴的中心"。孙中山先生领导的辛亥革命，推翻了在中国延续几千年的封建帝制，民国元年（1912）在南京建立了中华民国。1949 年，百万雄师过大江，南京解放，标志着中国近代史的终结。

南京是民国时期中国共产党人开展新民主主义革命的重要前哨，是我党很多早期领导人奋斗过的地方，是洒满革命烈士鲜血的地方，是许多震惊中外的进步运动发生地，是我党为争取和平民主与国民党合作谈判的重要地点，是人民解放军渡江战役全面胜利的见证地。

---

① 南京市人民政府：《南京历史文化名城保护规划》（2010—2020），第 17 页。
② 徐惠蓉：《科学发展观与南京历史文化名城房地产的保护开发》，《南京社会科学》2004 年第 6 期。
③ 南京市人民政府：《南京历史文化名城保护规划》（2010—2020），第 19 页。

南京是日军侵华的历史见证地。1937 年 12 月南京沦陷，在震惊世界的侵华日军南京大屠杀中，日本侵略军残害我遇难同胞 30 万人以上。保护与之相关的历史见证和遗存，对于警醒、教育世人自觉维护世界和平，增强我国公民的忧患意识和强国意识，都具有重大的历史意义。

三　南京是我国重要的思想文化和当代科教文化基地之一①

南京的青山碧水孕育了南京独特的地方文化，同时又处在中华文化南北交汇地带，这使南京文化具有南北交融性和开放性的特征。明朝郑和七下西洋，南京作为其活动基地成了中外文化交流的重要城市。文化的交流和交融促进了文化的繁荣昌盛，因而，在南京的历史上名人辈出。从六朝的祖冲之、王羲之、王献之、刘义庆、刘勰，到唐宋的李白、杜甫、刘禹锡、杜牧、李商隐、陆游、苏东坡、王安石，到明清的解缙、孔尚任、曹雪芹、吴敬梓，再到近代的朱自清、俞平伯、徐悲鸿等，他们在南京或撰写了巨著，或写下了名篇，或留下了动人的故事和传说。这些宝贵的非物质文化遗存，与山川形胜的古都格局、各类文物古迹有机地"融"为一体，为南京古都特色增添了"神韵"。

第二节　南京历史文化遗产的系统梳理

50 万年的人类活动史，6000 年的人类文明史，绵延近 2500 年的建城史，450 年的建都史，给古都南京留下了众多弥足珍贵的历史文化资源。

一　物质文化遗产

在物质文化遗产资源方面，南京拥有大量具有历史、艺术和科学价值的文物，包括古遗址、古墓葬、古建筑、石窟寺、石刻、壁画、近现代重要史迹及代表性建筑，还有历史上各时代的重要实物、艺术品、文献、手稿、图书资料，以及特色街区和村镇。

---

①　南京市人民政府：《南京历史文化名城保护规划》（2010—2020），第 20 页。

　　截至 2015 年，南京共有市级以上文保单位 533 处，其中全国重点文物保护单位共 49 处、103 点，如表1—1 所示。物质文化遗产在种类、数量和级别上都位于全国领先地位。此外，明孝陵及其附属明代功臣墓葬，已经被列入世界文化遗产；2012 年，"南京城墙"和"海上丝绸之路南京遗迹"被国家文物局列入最新公布的《中国世界文化遗产预备名单》；中山陵及民国建筑群、侵华日军南京大屠杀遇难同胞纪念地等正在筹备申报。①

表 1—1　　　　全国重点文物保护单位名单（49 处、103 点）②

古遗址（7 处）

序号	名称	时代	地址
1	南京人化石地点	旧石器时代	江宁区汤山街道
2	钟山建筑遗址	六朝	玄武区紫金山南麓
3	明故宫遗址	明代	白下区午朝门前后
4	龙江船厂遗址	明代	鼓楼区江东街道漓江路 57 号
5	薛城遗址	新石器时代	高淳区
6	固城遗址	春秋至汉	高淳区
7	大报恩寺遗址	东晋至清	秦淮区

古墓葬（6 处）

序号	名称	时代	地址
1	明孝陵（含徐达墓、李文忠墓、吴良墓、吴桢墓、常遇春墓、邓愈墓、仇成墓石刻、李杰墓）	明代	紫金山南麓
2	南唐二陵	南唐	江宁祖堂山
3	浡泥国王墓	明代	雨花台区雨花镇东向花村
4	象山王氏家族墓地	东晋	下关区幕府西路
5	上坊孙吴墓	三国	江宁区
6	仙鹤观六朝墓地	三国、晋南北朝	栖霞区

---

①　南京市旅游委员会：《南京市文化资源的旅游开发利用现状及下一步思路》，第 1 页。
②　《全国重点文保单位名单》（一至七批）。

古建筑（8 处）

序号	名称	时代	地址
1	南京城墙	明代	南京市区
2	栖霞寺舍利塔	南唐	栖霞山栖霞寺东侧
3	瞻园	明、清	瞻园路 128 号
4	甘熙宅第	清代	白下区南捕厅 15、17、19 号
5	七桥瓮	明代	秦淮区
6	蒲塘桥	明代	溧水区
7	朝天宫	清代	白下区
8	杨柳村古建筑群	清代	江宁区

石窟寺及石刻（3 处）

序号	名称	时代	地址
1	南朝陵墓石刻（共 17 处） 徐家村失考墓石刻 梁桂阳简王萧融墓石刻 梁安成康王萧秀墓石刻 梁始兴忠武王萧憺墓石刻 梁吴平忠侯萧景墓石刻 梁鄱阳忠烈王萧恢墓石刻 梁临川靖惠王萧宏墓石刻 梁新渝宽侯萧暎墓石刻 陈文帝陈蒨永宁陵石刻 北家边失考墓石刻 梁建安敏侯萧正立墓石刻 陈武帝陈霸先万安陵石刻 宋武帝刘裕初宁陵石刻 宋墅失考墓石刻 侯村失考墓石刻 方旗庙失考墓石刻 耿岗失考墓石刻	南朝	栖霞区金陵石化化工一厂内 栖霞区南京炼油厂内 栖霞区甘家巷小学 栖霞区甘家巷西 栖霞区新合村 栖霞区甘家巷西 栖霞区仙林大学城 栖霞区甘家巷董家边 栖霞区新合村狮子冲 栖霞区尧化北家边 江宁区秣陵街道南京海事学院东 江宁区东山街道上坊 江宁区麒麟门 江宁区秣陵街道宋墅村 江宁区秣陵街道 江宁区江宁街道建中村 江宁区秣陵街道耿岗村

续表

序号	名称	时代	地址
2	千佛崖及明征君碑	南朝 唐（676 年）	栖霞区栖霞山、栖霞寺前
3	阳山碑材	明代	江宁区

近现代重要史迹及代表性建筑（25 处）

序号	名称	时代	地址
1	中山陵（含邓演达墓、廖仲恺何香凝墓、谭延闿墓、国民革命军阵亡将士公墓）	1929 年	玄武区中山陵园内
2	太平天国天王府遗址	太平天国	长江路 292 号
3	堂子街太平天国壁画	太平天国	堂子街 108 号
4	雨花台烈士陵园	1927—1949 年	雨花台
5	国立紫金山天文台旧址	1931 年	紫金山第三峰
6	中共代表团办事处旧址	1946 年	梅园新村
7	原国民政府旧址（9 处） 国民政府考试院旧址 国民政府主席官邸旧址 国民党中央监察委员会办公楼旧址 国民党中央党史史料陈列馆旧址 国民政府外交部旧址 国民政府最高法院旧址 国民政府行政院旧址 国民政府交通部旧址 临时政府参议院旧址	民国	玄武区北京东路 41、43 号 玄武区中山陵 9 号 玄武区中山东路 311 号 玄武区中山东路 309 号 鼓楼区中山北路 32 号 鼓楼区中山北路 101 号 鼓楼区中山北路 252、254 号 鼓楼区中山北路 303 号 鼓楼区湖南路 10 号
8	中央体育场旧址	1929 年	玄武区南京体育学院内
9	国民大会堂旧址	1935 年	玄武区长江路 264 号
10	中央大学旧址（含梅庵）	1930 年	玄武区四牌楼 2 号
11	金陵大学旧址（含汇文书院钟楼）（2 处）	1916 年 （1888 年）	鼓楼区汉口路 22 号（中山路 169 号）
12	金陵女子大学旧址	1923 年	鼓楼区宁海路 122 号

续表

序号	名称	时代	地址
13	侵华日军南京大屠杀死难同胞丛葬地（17 处）	1937 年	江东门、上新河、中山陵西洼子村、北极阁、普德寺、花神庙、燕子矶、清凉山、汉中门、五台山、南京大学、正觉寺、挹江门、煤炭港、中山码头、鱼雷营、草鞋峡
14	金陵刻经处	清代	白下区
15	金陵兵工厂旧址	清至民国	秦淮区
16	浦口火车站旧址	清至民国	浦口区
17	孙中山临时大总统府及南京国民政府建筑遗存	1912—1949 年	玄武区长江路 292 号
18	北极阁气象台旧址	1928 年	玄武区
19	中央陆军军官学校旧址	1928 年	玄武区
20	励志社旧址	1929—1931 年	玄武区
21	国民政府中央广播电台旧址	1932 年	鼓楼区
22	国立中央研究院旧址	1933—1935 年	玄武区
23	拉贝旧居	1934—1938 年	鼓楼区
24	美国驻华使馆旧址	1946 年	鼓楼区
25	英国驻华使馆旧址	1946 年	鼓楼区

二 非物质文化遗产

南京市目前拥有南京云锦织造技艺、金陵刻经印刷技艺、南京剪纸、古琴艺术（金陵琴派）等 4 个项目被联合国教科文组织列入人类非物质文化遗产保护名录，有 11 个项目被国务院列入国家级非物质文化遗产保护名录，有 64 个项目被省政府列入江苏省非物质文化遗产保护名录，有 66 个项目被市政府列入南京市非物质文化遗产保护名录，有 300 余个项目被各区（县）政府列入区（县）保护名录，从而形成国家、省、市、区（县）四级非物质文化遗产的保护名录体系。此外，南京还有 30 位省级以上非物质文化遗产代表性传承人。①

表 1—2　　　　　南京市第一批非物质文化遗产名录②

序号	项目编号	项目名称	申报区县或单位	保护单位	备注
民间文学（7）					
1	NJⅠ—1	项羽与浦口的历史传说	浦口区	浦口区文化馆	
2	NJⅠ—2	长芦民间传说	六合区	六合区第二文化馆	
3	NJⅠ—3	伍子胥和浣纱女的故事	高淳县	高淳县固城镇文体站	
4	NJⅠ—4	卞和献玉传说	高淳县	高淳县桠溪文体站	
5	NJⅠ—5	崔致远与双女坟的故事	高淳县	高淳县固城镇文体站	
6	NJⅠ—6	董永传说	江宁区	江宁区文化馆	
7	NJⅠ—7	脱尾龙传说	高淳县	高淳县漆桥镇文体站	
民间音乐（5）					
8	NJⅡ—1	古琴艺术（金陵琴派）	秦淮区	秦淮区文化馆	已列入省级
9	NJⅡ—2	留左吹打乐	六合区	六合区第二文化馆	已列入省级
10	NJⅡ—3	马铺锣鼓	江宁区	江宁区文化馆	
11	NJⅡ—4	高淳民歌	高淳县	高淳县文化馆	
12	NJⅡ—5	六合民歌鲜花调	六合区	六合区文化馆	
民间舞蹈（17）					
13	NJⅢ—1	东坝大马灯	高淳县	高淳县文化馆	已列入省级
14	NJⅢ—2	骆山大龙	溧水县	溧水县文化馆	已列入省级
15	NJⅢ—3	江浦手狮	浦口区	浦口区文化馆	已列入省级
16	NJⅢ—4	麻雀蹦	江宁区	江宁区文化馆	已列入省级
17	NJⅢ—5	跳五猖	高淳县	高淳县桠溪镇文体站	
18	NJⅢ—6	栖霞龙舞	栖霞区	栖霞区文化馆	
19	NJⅢ—7	跳当当	溧水县	溧水县文化馆	
20	NJⅢ—8	打社火	溧水县	溧水县文化馆	
21	NJⅢ—9	铜山高台狮子舞	江宁区	江宁区文化馆	

---

① 南京市文广新局公共文化处提供。
② 同上。

序号	项目编号	项目名称	申报区县或单位	保护单位	备注
22	NJⅢ—10	长芦抬龙	高淳县	高淳县淳溪镇文体站	
23	NJⅢ—11	骨牌灯	六合区	六合区龙袍镇文体中心	
24	NJⅢ—12	茶山会	浦口区	浦口区汤泉镇文化站	
25	NJⅢ—13	砖墙打罗汉	高淳县	高淳县砖墙镇文体站	
26	NJⅢ—14	阳江打水浒	高淳县	高淳县阳江镇文体站	
27	NJⅢ—15	龙吟车	高淳县	高淳县淳溪镇文体站	
28	NJⅢ—16	沛桥高跷	高淳县	高淳县东坝镇文体站	
29	NJⅢ—17	小马灯	高淳县 六合区	高淳县桠溪镇文体站 六合区长芦街道 水家湾社区居委会	
传统戏剧（3）					
30	NJⅣ—1	阳腔目连戏	高淳县	高淳县文化馆	已列入省级
31	NJⅣ—2	洪山戏	六合区	六合区第一文化馆	
32	NJⅣ—3	皮影戏	白下区	白下区文化馆	
曲艺（6）					
33	NJⅤ—1	南京白局	秦淮区	秦淮区文化馆	已列入省级
34	NJⅤ—2	南京评话	秦淮区	秦淮区文化馆	
35	NJⅤ—3	送春	高淳县	高淳县文化馆	
36	NJⅤ—4	南京白话	秦淮区	秦淮区文化馆	
37	NJⅤ—5	打五件	溧水县	溧水县文化馆	
38	NJⅤ—6	送麒麟	六合区	六合区第二文化馆 葛塘街道文化站	
民间美术（10）					
39	NJⅥ—1	剪纸（南京剪纸）	南京市工艺美术总公司	南京市工艺美术总公司	已列入省级
40	NJⅥ—2	灯彩（秦淮灯彩）	秦淮区	秦淮区文化馆	已列入省级

续表

序号	项目编号	项目名称	申报区县或单位	保护单位	备注
41	NJⅥ—3	十竹斋饾彩拱花技艺	南京文物公司（南京十竹斋）	南京文物公司（南京十竹斋）	已列入省级
42	NJⅥ—4	南京仿古牙雕	玄武区	南京市工艺美术总公司	
43	NJⅥ—5	南京仿古木雕	玄武区	南京市工艺美术总公司	
44	NJⅥ—6	金陵竹刻	玄武区	南京市工艺美术行业协会	
45	NJⅥ—7	周岗红木雕刻	江宁区	江宁区文化馆	
46	NJⅥ—8	南京微雕	雨花台区	雨花台区文化馆	
47	NJⅥ—9	戏剧脸谱（颜少奎　程少岩）	白下区	白下区文化馆	
48	NJⅥ—10	南京瓷刻	玄武区白下区	南京市工艺美术行业协会白下区文化馆	
传统手工技艺（19）					
49	NJⅦ—1	南京云锦木机妆花手工织造技艺	南京云锦研究所	南京云锦研究所	已列入国家级
50	NJⅦ—2	南京金箔锻制技艺	南京金线金箔总厂	南京金线金箔总厂	已列入国家级
51	NJⅦ—3	金陵刻经印刷技艺	白下区	金陵刻经处	已列入国家级
52	NJⅦ—4	传统金银饰品工艺	白下区	南京宝庆银楼首饰有限责任公司	已列入省级
53	NJⅦ—5	南京板鸭、盐水鸭制作工艺	江宁区	南京市江宁区湖熟鸭业协会	已列入省级
54	NJⅦ—6	天鹅绒织造技艺	南京汉唐织锦艺术研究所	南京汉唐织锦艺术研究所	已列入省级
55	NJⅦ—7	绒花制作技艺	南京市民俗博物馆	南京市民俗博物馆	已列入省级

序号	项目编号	项目名称	申报区县或单位	保护单位	备注
56	NJⅦ—8	真金线制作技艺	栖霞区	南京金线金箔厂龙潭街道办事处	
57	NJⅦ—9	高淳羽毛扇制作技艺	高淳县	高淳县文化馆	
58	NJⅦ—10	绿柳居素菜烹制技艺	白下区	清真绿柳居菜馆	
59	NJⅦ—11	刘长兴面点加工制作技艺	白下区	南京刘长兴餐饮有限责任公司	
60	NJⅦ—12	金陵折扇制作技艺	栖霞区	栖霞区文化馆	
61	NJⅦ—13	雨花茶炒制工艺	江宁区	江宁区文化馆	
62	NJⅦ—14	方山裱画技艺	江宁区	江宁区文化馆	
63	NJⅦ—15	窦村石刻技艺	江宁区	江宁区文化馆	
64	NJⅦ—16	南京钟制造工艺	鼓楼区	鼓楼区文化馆	
65	NJⅦ—17	秦淮风味小吃加工制作技艺	秦淮区	秦淮区文化馆	
66	NJⅦ—18	龙袍蟹黄汤包加工制作技艺	六合区	六合区龙袍镇文体中心	
67	NJⅦ—19	明觉铁画锻制技艺	溧水县	溧水县文化馆	
传统医药（3）					
68	NJⅧ—1	张简斋国医医术	秦淮区	张简斋国医研究中心	
69	NJⅧ—2	梁氏骨科	高淳县	高淳县东坝镇文体站	
70	NJⅧ—3	灵芝文化传承及应用	玄武区	南京中科集团股份有限公司	
杂技与竞技（3）					
71	NJⅨ—1	殷巷石锁	江宁区	江宁区文化馆	
72	NJⅨ—2	六月六龙舟竞渡	高淳县	高淳县砖墙镇文体站	
73	NJⅨ—3	抖空竹	秦淮区	秦淮区文化馆	
民俗（14）					
74	NJⅩ—1	秦淮灯会	秦淮区	秦淮区文化馆	已列入国家级
75	NJⅩ—2	妈祖庙会	下关区	下关区文化馆	已列入省级

序号	项目编号	项目名称	申报区县或单位	保护单位	备注
76	NJⅩ—3	南京赏梅习俗	玄武区	玄武区文化馆	
77	NJⅩ—4	蒋王庙庙会	玄武区	玄武区文化馆	
78	NJⅩ—5	雨花石鉴赏习俗	六合区	六合区第一文化馆	
79	NJⅩ—6	南京祠山庙会	溧水县高淳县	溧水县文化馆高淳县桠溪镇文体站	
80	NJⅩ—7	薛城花台会	高淳县	高淳县淳溪镇文体站	
81	NJⅩ—8	夫子庙花鸟鱼虫市	秦淮区	秦淮区文化馆	
82	NJⅩ—9	牛首山踏春习俗	江宁区	江宁区文化馆	
83	NJⅩ—10	泰山庙会	浦口区	浦口区文化馆	
84	NJⅩ—11	狮子岭庙会	浦口区	江浦街道文化站	
85	NJⅩ—12	上梁仪式	高淳县	高淳县文化馆	
86	NJⅩ—13	水八鲜饮食习俗	建邺区	建邺区图书馆	
87	NJⅩ—14	南京老地名	南京市地名协会	南京市地名协会	

总体而言，南京历史文化遗产类型丰富，除老城分布相对集中外，总体分布相对分散，感知度较低。南京十代为都，历史文化遗产年代久远，等级较高。但由于历经战火洗礼、朝代更替频繁，现存地面物质文化遗产保存质量参差不齐，自然损毁严重。早期如六朝和南唐时期的地面遗存稀缺，现状物质遗存以明清及民国时期的历史文化资源为主。由于生产、生活方式的逐步现代化，南京的众多非物质文化遗产已逐步淡出人们的日常生活，需要结合城市传统功能的复兴，赋予非物质文化遗产适当的载体，结合节庆活动等进行再现和传承。

第三节　南京历史文化资源的主要类别

文化资源的层级分类是考察文化资源的内在价值与开发价值、探讨文化资源开发利用潜力的重要基础。然而，文化资源的丰富给分类带来了困扰，不同的学者有不同的分类方法。总体而言，从历时性的角度，南京文化资源可分为史前文化、六朝文化、南唐文化、明清文化、民国文化和当代文化；从文化结构特征来看，大致可以分为历史文化层、民俗文化层、革命文化层和现代文化层等四类；从文化特色来看，大致可以分为都城文化、民俗文化、佛教文化、文学艺术文化、科教文化、工商文化、古人类与革命文化等。尽管分类不尽一致，但这些文化系列均体现了南京文化资源的丰富内涵与鲜明特色，标示和展现了南京文化的基质与风貌。简言之，南京文化既是丰富多样的地域文化形态，又是极其宝贵的文化资源渊薮。

整理研究地方历史文化资源，对其进行科学分类，让其充分展现地方特色，就成了当下厘清南京文化资源的关键环节。我们从南京文化特色、资源优势角度，对南京的历史文化资源进行了梳理，认为南京的历史文化资源主要包含史前文化遗产、都城文化遗产、宗教文化遗产、科教文化遗产、革命文化遗产、工商文化遗产和非物质文化遗产。

一 史前文明，先民遗迹

南京是古人类的发源地，有汤山葫芦洞、薛城遗址、北阴阳营遗址、固城遗址等众多古人类遗址，大多分布在城市外围地区，以高淳、浦口、江宁等地为主。

1993 年，南京市博物馆和北京大学考古系合作对葫芦洞进行了发掘，发现了距今 50 万年前的南京人头骨化石和一批古生物化石。因南京人头骨化石在考古人类学上的重要价值，南京人化石地点的考古发掘成为 1994 年度十大考古新发现之一。发现地葫芦洞在 2006 年被列为全国重点文物保护单位。

1997 年发现的南京新石器时代的遗址——薛城遗址，位于南京市高淳区淳溪镇境内。它是南京面积最大、年代最早的史前古文化遗址，距今 5500—6300 年，是南京所有的文化遗存中年代最久远的，具有很高的考古价值。遗址被确定为"南京原始人发源地"。此外，北阴阳营和固城遗址也是南京史前文化的典型代表。2013 年，高淳薛城遗址和固城遗址双双被国务院列入国家级文保单位。

二　王者之气，都城遗址

南京拥有近 2500 年的建城史和 450 余年的建都史，这一历史过程既沉淀了南京深厚的文化底蕴，更为其蒙上了浓厚的帝都文化色彩。历史上，东吴、东晋、宋、齐、梁、陈、南唐、明朝初期、太平天国、中华民国先后在此定都，因此南京素有"六朝古都""十朝都会"之称。20 世纪 20 年代，学术界提出的我国"五大古都"中，南京位列第四；1983 年，古都中增加了杭州，提出"六大古都"，南京仍列第四位。之后，"七大古都"和"十大古都"先后被提出，南京历史都城的位置始终未变。因此，南京不同于其他地域文化的突出特征，就在于它具有"十朝建都"的历史，历史文化的特色突出表现为"都城文化"。

通过对"八大古都"的比较，依据历经朝代的数量，南京排名第三，仅次于西安和洛阳。从历经朝代对城市的影响角度，除了北京有其特殊的政治经济地位、拥有的国家级文物保护单位最多，相较于其他城市，南京表现出了都城文化的突出优势。在八大都城中，南京拥有的全国重点文物保护单位的数量位列第四。南京的都城文化主要以六朝、明朝和民国时期的遗址、建筑等文化资源为主，从全国来看都具有明显的唯一性特征。

由于南京历史上战乱频仍，越城、金陵邑已经难觅踪迹，六朝建康城遗址随城市建设和考古发掘有所发现；南唐都城、宫城尚存遗迹；明都城大部分尚存，明外郭、皇城和宫城仅存遗迹；民国中山大道大部分风貌尚存。

（一）明帝陵

明孝陵是明代南京的一大建设工程，是我国古代占地面积最大的帝陵之一。今天 30 多平方千米的钟山风景区尽被其囊括。据康熙《江宁府志》载，围绕明孝陵的红墙（外郭垣）长达 22.5 千米，为明初南京城垣 33.4 千米的 2/3。

明孝陵陵址为朱元璋和他的开国功臣刘基、徐达、汤和等人郊游钟山时共同选定的。这里景色奇美，虽然它的主峰仅高 448 米，但气象极佳，绝美之处在于山色随天光的变化而变幻，美轮美奂，神秘莫测；风水极佳，东有龙山为"青龙象"，西有虎山为"白虎象"，南有南湖

（燕雀湖的一部分）作"朱雀象"，北凭紫金三峰作"玄武象"。正对陵址的梅花山可作"近案"，远处江宁的方山正是"远朝"。这些风水地貌完全符合"华盖三台，尊极帝座"的择陵要求。前"朱雀"后"玄武"，左"青龙"，右"白虎"，有此四神拱卫镇守，更是绝佳的选址。

洪武十四年（1381），中军都督府佥事李新奉命"总督工程"，整个工程由工部负责营建，从 1369 年开始筹划至 1413 年明成祖朱棣营建大明孝陵神功圣德碑楼为止，工程前后延续 44 年，是名副其实的"跨世纪工程"。在空间布局上，建成后的明孝陵分为四个部分：下马坊到大金门导引区，大金门和碑楼区，神道石刻区和陵宫主体建筑区。

明孝陵经过 600 多年的历史沧桑，许多建筑物的木结构部分已不存在，一些建筑物也被后人改动。但自然景观未受损坏，其设计理念、文化思想仍可通过现有建筑遗存得到展示。它的文化价值在于承继了汉、唐、宋帝陵制度的精华部分，讲究立陵风水，陵宫前设神道、置石象生、立勋臣等，但形式上绝不拘泥古制，在此基础上进行改进和创新。"前朝后寝"和前后三进院落的建制是其首创，在陵寝前建方城明楼是其首创，进深（从下马坊至宝顶）2.6 千米的整体陵园建筑，设计和谐完美，不愧是一件天才的艺术杰作。它开创了明清帝陵的一代新制，在中国帝陵发展史中具有继往开来的价值和地位。

（二）民国建筑

中国传统建筑多为木结构或砖木结构，以单层为主，宫殿、庙宇多为重檐歇山顶，民居多为人字顶，表现为屋角上翘翻举，在装饰上则对滴水瓦当等细小部件饰以各种图案。晚清和民国时期，随着西方文化的传入，西方建筑技艺风格深深地影响了中国，建筑呈现出中西合璧的特点。

《首都计划》对南京建筑形式做出明确规定，提出"本诸欧美科学之原则""吾国美术之优点"的原则，以"中国固有之形式为最宜"，宏观规划鉴于欧美，微观建筑形式采用中国传统建筑。城市布局"同心圆式四面平均开展，渐成圆形之势"，避免呈"狭长之形"，避免"一部过于繁荣，一部过于零乱"。《首都计划》规定中央政治区建筑当突出古代宫殿优点，商业建筑也要具备中国特色。其中最为根本的原因就是，发扬本国传统文化。《首都计划》解释道："一国必有一国之文化，中国为世界最古国家之一，数千多年，皆以文化国家见称于世界。……国都为全国文化荟萃之区，不能不借此表现，一方以观外人之耳目，一方以策国民之兴奋也。"

南京作为中华民国的首都，其民国建筑不仅数量多，而且规格高，有独特的历史地位和价值。一是由中央政府统一建造的行政性建筑规模宏大，气势非凡，是南京所独有的。二是南京公共类建筑中，科学、教育、文化、卫生、体育机构的建筑众多，这些建筑美观、坚固而又实用，这是同时期其他城市同类建筑所无法比拟的。三是南京达官贵人的官邸别墅星罗棋布，这些建筑一律西化，有仿美的，有仿法的，还有西班牙式的，千姿百态，宛如万国建筑博览馆。四是纪念性建筑，如被誉为"中国近代建筑史上的第一陵"的中山陵、国民革命军阵亡将士公墓纪念建筑群、航空烈士公墓、中山陵藏经楼等。南京民国建筑流派纷呈，风格各异，主要有西方折中主义建筑、西方古典式建筑、中国传统宫殿式建筑、新民族形式建筑、西方现代派建筑等。南京民国建筑无论从现存面积、数量，还是从种类、特色和品位上来讲，在全国同时期建筑中都是无与伦比的。

三 古刹梵音，佛教经典

南京是深受佛教文化影响的城市，拥有1780多年的佛教文化发展史。它是古代江南地区最早传播佛教文化的圣地，也是近代中国佛教文化传播、研究的中心。南京不仅以弘扬佛教文化而隆盛于中国，在东方乃至世界佛教史上也留下了深深的印记。

南京佛教文化底蕴丰厚，遗存众多。迄今为止，南京共有各个时代佛教文化遗存百处以上，其中被列入市级以上文物保护单位的有39处，拥有对外开放的佛教活动场所64处。如明朝的大报恩寺，是当时全国规模最大、等级最高的皇家寺院。尤其是被明成祖赐名为"第一塔"的大报恩寺琉璃塔，被称为"中国瓷塔"，与古罗马大斗兽场、古亚历山大地下陵墓、意大利比萨斜塔等并称为中世纪世界七大奇观。1942年，玄奘大师顶骨舍利和2008年佛顶骨舍利这两大"国宝"在南京大报恩寺现身，对中国乃至世界佛教史都产生了不同寻常的影响。

中国佛教史上许多宗派的创立与南京有关，三论宗、牛头宗、法眼宗均创建于南京。栖霞寺是中国佛教三论宗的祖庭之一。律学大师僧祐在南京撰写的《出三藏记集》（又名《祐录》），是中国现存最早的佛教文献目录。清朝时，杨仁山在南京设立金陵刻经处，这不仅是全国性的佛经刻印中心，而且成为了佛学和维新思想的孕育地。毗卢寺曾是民国时期全国佛教事业管理和联络的枢纽，也是当代中国佛教协会、中国佛学研究会的主要活动地点。

　　虽然从数量上看，南京的宗教类文化资源并不占优势地位，但从文化资源的价值来看，南京寺庙供奉佛舍利的历史悠久，是中国历史上瘗藏圣物最早、最多的城市。南京的其他宗教，如道教、伊斯兰教、基督教等，也留下了重要的宗教文化遗产。

四　科教昌明，文化遗产

　　南京素以人文荟萃、科技发达而著称。回溯南京千百年的发展历史，科技、教育在城市发展中发挥了巨大的推动作用，成为中国的科教名城。分析历史上的科教文化积淀，我们能充分感受到古代南京是华夏民族的科技创新发源地之一；近代（民国）时期，南京更是成为全国的科教中心城市；当代（中华人民共和国成立之后）南京，依然是全国科技实力雄厚、科技创新和辐射力强大的中心城市之一。高校研究机构之多，人才资源之众，科研成果之丰，均列全国同类城市前列。从现存科教文化遗产来看，南京有科教文化资源全国重点文物单位 11 个，仅次于北京（15 个）。①

　　（一）科技遗产

　　在古代，南京是华夏民族科技创新的发源地。从南京建城到民国这段数千年的发展历史进程中，南京的科技创新成果是推动华夏文明进程的重要动力。距今 5000 年前至距今 3000 年前，即史前时期至商代晚期

---

　　①　国立北京科教类全国文保单位有北京大学红楼、未名湖燕园建筑、清华大学早期建筑、北平图书馆旧址、蒙藏学校旧址、京师大学堂分科大学旧址、京师女子师范学堂旧址、清农事试验场旧址、协和医学院旧址、国子监、古观象台、北京通州区近代学校建筑群、北京西城区辅仁大学旧址、北京西城区盛新中学与佑贞女中旧址、北京东城区北京大学地质馆旧址。南京有国立紫金山天文台旧址、龙江船厂遗址、中央体育场旧址、中央大学旧址、金陵大学旧址、金陵女子大学旧址、金陵兵工厂旧址、北极阁气象台旧址、中央陆军军官学校旧址、励志社旧址、国立中央研究院旧址。

和西周前期，南京地区的居民已掌握冶铜技术，制造和使用铜器，考古界称为"湖熟文化"。春秋时代，已用青铜锸和青铜犁头进行农业生产。吴王夫差曾在朝天宫设立冶炼作坊，铸造宝剑。当时的青铜剑表面上都有含铬或其他元素的氧化层，能防腐蚀。战国时青铜器铸造已开始采用"金银错"工艺。东周时不仅广泛应用青铜器，还开始有了铁器。六合县程桥两座东周古墓出土的铁丸、铁条，是目前中国发现最早的生铁，证实当地的生铁冶铸比欧洲早约 1900 年。从秦汉之际的铜洗、铜壶、铁刀、铁犁头来看，冶炼技术达到了较高水平，铜铁器在南京地区已得到普遍应用。南京博物院收藏的东汉时的"天文尺"，当时叫"圭表尺"，是本市最早使用的"天文尺"，也是中国目前发现的最早用于天文观测的仪器。

六朝时期，南京在数学、医药、化学、造船等方面的成就，处于世界领先水平，先后出现了祖冲之、虞喜、何承天、葛洪、陶弘景等杰出的科学家。刘宋时期，太史令钱乐之奉文帝之诏，重新铸造浑天仪。钱乐之造的浑天仪是一个空心大球，以水力驱动。人可以站在浑天仪之内观测天象，能够更直观形象地把握日月星象的运行。与张衡的浑天仪相比，这种"地在天内"的浑天仪是一个创造性的进步。所以，研究中国古代科学技术史的学者称这种浑天仪是近代天文馆中天象仪的始祖。六朝时期，南京的医药成就冠于全国，在药性、制药、制丸、制散、制膏、制丹、单方、验方等方面有著作多种，有些印度医药方书也被翻译过来。葛洪和陶弘景是当时最著名的医家。

明朝南京古代科技发展达到高峰，在天文、造船、航海、印刷、建筑等方面有突出成就。明初，郑和以南京为基地七下西洋，船舶制造、航海技术在世界上首屈一指。郑和下西洋是明代造船技术与能力发展到鼎盛时期的结晶。郑和下西洋将指南针导航、天文导航、陆标导航等手段结合起来，从而使航海技术向前大大迈进了一步。郑和船队的航海家根据长期航海经验，结合天文、气象、地理知识，绘制了航海图——《郑和航海图》和四幅《过洋牵星图》。《郑和航海图》于 1425 年编成，是中国地图学史上最早的海图。它在我国海运史上具有划时代的意义，对后世的印度洋、太平洋航行影响很大。英国著名的学者李约瑟称其为"一幅真正的航海图"。

明朝是中西历法的过渡时期，在历法沿革史上占有重要地位。明朝在天文学方面的主要成就，是设立国家天文台和编制历法。洪武十八年（1385），明政府在南京鸡笼山原有"观象台"的基础上，建立了国家天文台，由钦天监管理。它是我国当时设备比较完善的一座天文台，比世界闻名的英国格林尼治天文台要早290年。利玛窦在南京曾造访了皇家钦天监，第一次目睹了中国国家天文台精美的天文仪器。他在札记中说，那里的天文仪器"其规模和设计的精美远远超过曾在欧洲看到的和知道的任何这类东西"。现陈列在南京紫金山天文台的三件明制天文仪器是目前世界上少有的大型传世天文观测文物。这三件明制天文仪器是浑仪（亦称浑天仪）、简仪和圭表，均系明正统四年（1439）所造。

明朝末年，一些西方天文仪器以及中西结合的天文仪器纷纷出现。如利玛窦所制地球仪，绘制了地球表面海洋和陆地的分布情况，把"地圆说"概念传入中国。崇祯七年（1634），徐光启在传教士所带望远镜的基础上，自制了我国第一架天文望远镜，名为"窥筒"，用以观测日、月食情况。

近代以来，南京科技发展成就突出。中国第一台蒸汽机由徐寿（1818—1884）在南京制造。1865年在南京制成了中国第一艘单缸高压蒸汽机轮船"黄鹄"号，并创立翻译馆，共翻译介绍西方科技书籍17部，专论9篇，287万多字。1914年，金陵大学美籍教授芮思娄育成了"金大26号"小麦，是我国最早运用科学育种技术培育的小麦良种。民国时期，南京已成为当时的科研中心。南京拥有数十所高校和科研院所，还有中国科学社等影响较大的民间科研团体。中国科学社通过带动各专门学会及中央研究院的成立，使中国初步实现了科技体制化。中国科学技术开始和世界科学技术的发展更为系统地融合在一起。1928年，中央研究院的成立，标志着中国第一次有了自己的国家级科学机构。中央研究院荟萃了我国科技界一批最优秀的科学家，开创了中国科技发展的新时代。一时知名学者云集南京，科学研究硕果累累，地质学、气象学、物理学等学科取得了具有当时国际先进水平的科研成果。例如1936年研制成功的直热式收信和大管"30"，是中国生产的第一只电子管，为以后电子工业的发展奠定了基础。在气象、天文方面，这时先后建成了南京北极阁气象台、南京紫金山天文台和昆明凤凰山天文台，这些都是当时亚洲最著名的气象、天文台之一。紫金山天文台设备精良、人才荟萃，被当时的世界天文学界誉为"远东第一台"。

中华人民共和国成立后，南京市委、市政府积极推进科技发展，充分发挥南京科技实力雄厚的优势，取得了显著的效果，研制出许多种技术水平较高的产品，诞生了多项"全国第一"：第一台全国产化收音机、第一只日光色荧光灯、第一部军用雷达、第一部短波电台、第一只微波电子管、第一台全自动车床等。1952 年 5 月，南京电照厂工程师吴祖恺等用自己研制的多种型料荧光粉，造出了国内第一只荧光灯。1958 年，南京汽车制造厂在全国 11 个省市 200 多家企业的协作下，试制成功了 CN130 型 2.5 吨载货汽车，被一机部命名为跃进牌 NJ130 型汽车。1960 年开工建设的南京长江大桥，通过科研、设计、施工相结合，解决了一系列科技难题，于 1968 年 10 月建成通车，成为当时中国已建成的最大桥梁。南京长江大桥达到了世界先进水平，获国家技术进步特等奖。

（二）文教遗产

南京教育源远流长，文教资源昌明丰赡。深厚的文化底蕴，造就了南京教育的恢宏气象。在南京教育发展的历程中，教学教材、教学模式、教学体系、教育理念不断推陈出新。这些创新不仅是南京城市经济社会发展的产物，反过来也推动了南京城市的进一步发展。

南京自古以来崇文重教。南宋时期（1169），南京设立了江南贡院，是县、府学的考试场所。朱元璋定都南京后，乡试、会试集中在南京举行。明成祖于 1421 年迁都北京，但南京仍为陪都，而江南又是人文荟萃之地，考试仍在此按期举行。明清两代对贡院均有扩建，到清光绪年间，贡院占地达数万平方米。其规模之庞大，为当时全国 23 个行省贡院之最。至同治年间，已建考试用的"号舍" 20644 间，尚不包括司考官员办公住宿用房在内。在清一代，科考共举行 112 科，其中在江南贡院乡试中举后经殿试考中状元者，占全国状元总数的 51.78%。清光绪年间，科举制度废止，江南贡院停止开科取士。1919 年，除留下贡院内的明远楼、衡鉴堂和一部分号舍作为历史文物外，余下部分被全部拆除，辟为市场。2009 年，江南贡院荣膺中国世界纪录协会中国最大的科举考场。

　　明朝时期行使双京制，在南京和北京分别设有国子监。国子监是中国古代隋朝以后的中央官学，为中国古代教育体系中的最高学府。设在南京的国子监被称为"南监"或"南雍"。南京国子监始建于东吴永安元年（258），规模宏大，延袤十里，盛况空前。当时邻邦高丽、日本、琉球、暹罗等国"向慕文教"，不断派留学生到南京国子监学习。

　　近代以降，在"中体西用""师夷长技以制夷"等主流教育观念的引领下，南京的教育制度和教育内容、形式等方面都有了重要的突破。南京在"废科举、兴学堂"的历史潮流中，得风气之先，采西学、制洋器、图富强，成为一些书院的办学宗旨。值得注意的是，当时教会办学开始成为不可忽视的力量，培养了很多新式知识分子，客观上推动了教育的进步。南京的教会学校走在全国前列。在教会兴办的诸多学校中，历史悠久、比较有名的有汇文女子中学、明德女子书院、汇文书院、金陵大学、金陵女子大学、基督中学、金陵神学院等。

　　洋务教育兴起后，南京又有派员留学、创办洋务军事工业技术学校和新式军事学堂等积极举措。至 20 世纪初，南京兴起改革书院、创办新式学堂的热潮。当时的各类学堂已初显现代教育从初等到高等并包括社会、成人教育的体系雏形。可以说，在教育由传统向现代过渡的过程中，南京教育始终走在变革的前面。当时的南京新式学校，主要有江南水师学堂、矿务学堂、师范学堂、外国语学堂、华侨学堂等。

　　民国时期，南京教育的整体规模逐渐扩大，发展势头迅速。政府对城内数千家私塾进行了改良或裁汰，使其初步与社会进步程度相适应，推动教育向现代转型。南京是全国较早进行乡村师范教育的地区之一。1927 年 3 月，陶行知在南京的晓庄村创办了实验乡村师范学校，后改名为晓庄学校。南京高等教育相对发达，到 1937 年年初，包括私立金陵大学和私立金陵女子文理学院，南京地区共有 8 所高等学校，居全国前列。抗日战争时期，高校西迁。1946 年，开始回迁。国立中央大学、国立戏剧专科学校、国立药学专科学校、私立金陵大学等相继迁回南京，并在原址复校。"二战"结束后，还新建了私立建国法商学院和私立南京工业专科学校等两所高校。这一时期，高等教育非常发达。东南大学、南京高等师范学校、金陵大学、河海工程专门学校等公私立高等学府的创建与发展，使南京成为东南地区的高等教育重镇。其中，东南大学成为我国继北京大学之后成立的第二所国立综合性大学，此后合并发展成为第四中山大学，再变更为中央大学，是当时中国院系最全、规模最大的高校。

五　先烈精神，革命遗志

纵观南京的发展史，是和中华民族的命运紧密联系在一起的。它见证了民族历史上的大转折、大开端，遗留下来了诸多以辛亥革命和红色文化为代表的政治文化，具有重要的历史见证价值、文明传承价值和思想教育价值。

南京是中国近代史的起点和终结地，体现着中国近代历史的沧桑。1842年的《南京条约》，开启了中国人民反抗外族侵略、探索救国发展道路的近代史；1949年，百万雄师过大江，南京解放，标志着中国近代史的终结……可以说，没有任何一个其他中国城市可以像南京这样更清晰地展现中国近代历史的沧桑和屈辱，更为集中地体现中华民族的不屈和抗争。

中国近代史按照领导阶级，可以划分为旧民主主义革命与新民主主义革命两个时期。

旧民主主义革命是由资产阶级领导的，以建立资本主义社会和资产阶级专政的国家为目的，是反对外国侵略和本国封建统治的革命。从1840年鸦片战争到1919年五四运动前的79年，即为旧民主主义革命时期。其中，辛亥革命是比较完整意义上的一次旧民主主义革命。

这一时期，在南京发生了三件大事。一是1842年在南京静海寺签订的中英《南京条约》，标志着我国近代史的开端。二是洪秀全领导的太平天国运动，是我国历史上规模最大的一次农民运动，也是我国近代史上反封建反侵略的第一个高潮。1853年3月，太平天国建都南京，南京因而被马克思称为"东方革命风暴的中心"。三是孙中山先生领导的辛亥革命，推翻了在中国延续几千年的封建帝制。1912年，在南京建立了中华民国。南京是民国时期的首都，集中体现了民国文化和民国期间的重大历史事件。

（一）静海寺

古静海寺占地两万多平方米，规模宏大，殿宇林立，气势恢宏，是金陵古刹之一。1842 年英军侵犯南京，清政府被迫在静海寺与英国政府议约，双方共在寺内议约 4 次。8 月 29 日，在英军旗舰"康华丽"号上正式签订了中英《南京条约》。静海寺因此成为中国近代史起点的象征。为昭示后人牢记历史，致力振兴中华，江苏省政府和南京市政府于 1990 年在静海寺原址辟建了《南京条约》史料陈列馆。1997 年，静海寺被评为全国百家爱国主义教育示范基地之一。院内有"三宿岩""天妃宫碑"、铜镜"史鉴"和警世钟等景点。

（二）天王府遗址

太平天国天王府遗址位于南京长江路 292 号，为洪秀全的王府，是国务院 1982 年 2 月公布的第二批全国重点文物保护单位之一。原建筑宏伟，规模颇大，周围十余里，重墙两道，每道围墙都高达二丈多。建筑分外城、内城两部分，两城分别名为"太阳城"和"金龙城"。太阳城的正门是天朝门，门前边有御沟，沟宽、深各两丈，沟上有桥，桥前面有一块镌刻着"天朝"的石坊。金龙城的正门是圣天门，门内东西两侧有三层高的"朝房"，正面为金龙殿，金龙殿后有二殿、三殿、后宫林苑。金龙殿瓦顶重檐、雕梁画栋，殿内四壁有彩绘的龙虎狮像，十分富丽堂皇。金龙大殿的东西两侧有东西花园。1864 年 7 月，曾国荃率湘军攻陷天京，大肆抢掠，并烧毁了天王府。现仅存一些主要建筑，如六角亭、方胜亭、望亭和人工开凿的水池中的石坊等。在西花园水池中、假山上曾打捞、发现过洪秀全"纶音"碑碑额和碑座及石鼓等太平天国的文物。

堂子街太平天国壁画也是全国重点文物保护单位之一。太平天国主要领导人均来自社会下层，经常接触并喜爱壁画这样的艺术形式。所以太平天国建立政权后，壁画艺术受到重视并大力提倡，成为天京府第衙馆的装饰，"门扇墙壁，无一不画"。太平天国壁画通俗易懂，是专业画士和民间画工合作进行的艺术创作，一般不绘人物，但也具有浓厚的封建等级倾向。遗憾的是，太平天国失败以后，壁画遭到了清政府毁灭性的破坏。1952 年，在南京堂子街发现太平天国壁画 18 幅，全为彩色，均绘在墙壁或板壁之上，有"江防望楼图""鹤寿图""山亭瀑布图"等。

（三）中山陵

孙中山先生逝世后不久，国民党元老陈去病等人即致函中山先生的临时治丧处，提出了中山先生陵墓建造的四条基本原则："一、偏于平民思想之形式者；二、有伟大之表现者；三、能永久保存者；四、能使游览人了然先生之伟绩者。"并提议墓前要有台阶和广大之灵台，中间要立有石碑并刻上中山先生的遗教和毕生功绩，殿堂要安置中山先生的雕像，墓前辟为广场，要有喷泉池、音乐亭、纪念堂和公园游览处。后墓葬筹备处在关于中山先生陵墓设计图案的征稿启事中，也基本反映了陈去病提出的这一意见。陵墓采用中西结合的风格，用坚固石料钢筋混凝土建造，庄严简朴，各建筑专家均表赞同。最后中标的吕彦直的设计方案，充分体现了国民党人的上述思想原则。中山陵的建筑是在继承中国传统建筑优秀遗产的基础之上，又吸收了西方建筑的精华，形成了中西合璧的新的典型风格，是中国近代建筑史上最成功的伟大建筑之一。

新民主主义革命时期，以 1919 年五四运动无产阶级登上历史舞台为开端，至 1949 年中华人民共和国成立，新民主主义革命取得胜利为止。这一时期的文化遗产，又称为红色文化遗产，是中国共产党领导中国人民在实现民族独立自由解放斗争以及开展社会主义建设实践中形成的文化。它包括革命遗址、遗物等物质文化和革命理论、革命精神、革命文艺作品等非物质文化。因此，南京红色文化不仅有各类遗址遗迹、陵园、纪念碑馆、名人故居旧址，还包括南京在这段时期内形成的革命文艺、励志事迹等所有无形的资源。

（四）王荷波纪念馆

王荷波于 1916 年来到南京，考入英国人兴办的浦镇机厂任机匠，后投身工人运动，是中国共产党早期的工人运动领袖。1919 年五四运动中，他带领浦镇机厂工人上街游行示威。1920 年年底，发起组织浦镇机厂工会，次年 3 月工会成立，先后任副会长、会长。同年 6 月，为反对英国总监工的压迫，领导全厂工人进行罢工并取得一定胜利。1922 年夏，在北京加入中国共产党。同年秋，在王振翼等人的协助下，领导铁路工人建立起南京地区第一个中国共产党组织——浦口党小组，任组长。1927 年 10 月，因叛徒出卖被捕，11 月被军阀张作霖杀害于北京。2012 年 7 月，南京市纪委、监察局联合浦口区委、区政府，在南京市浦口区建成主题鲜明、史料翔实、功能齐全的王荷波纪念馆暨廉政教育基地，占地面积 1000 多平方米。

（五）雨花英烈与雨花台烈士陵园

雨花台烈士陵园，位于江苏省南京市城南的雨花台区，是雨花台风景区的主体部分。此处是一片丘陵地带，共有 5 个山冈，高约 60 米，长约 1000 米，面积 113 公顷，1927—1949 年，约有 10 万革命志士殉难于此。邓中夏、史砚芬、罗登贤、恽代英、侯绍裘等烈士都在这里英勇就义。

中华人民共和国成立后的 1950 年，雨花台被辟为革命烈士陵园，广植树木，修建道路。1979 年，在北殉难处建成高 10 米、长 14 米的烈士群雕。1984 年，在陵园南部兴建纪念馆，并在主峰峰顶建造高 42 米的纪念碑。1950 年的奠基碑上是由毛泽东主席书写的"死难烈士万岁"碑词手迹，新的纪念碑身正面是邓小平手书的"雨花台烈士纪念碑"碑名。1988 年，它被列入第三批全国重点文物保护单位。

（六）晓庄英烈与行知园

1927 年 3 月，陶行知创办了南京晓庄师范。这是一所以培养乡村教师为目的的进步学校，吸引了一批有志向、有抱负的爱国青年来校学习。陶行知的教育理念和在晓庄师范的实践活动，引起全国各界的关注。

1928 年夏，晓庄师范秘密建立了中共地下党支部，这是"四一二"政变后，南京地区最早恢复的党支部之一。从 1930 年 6 月至 9 月，晓庄师范有 30 余名师生被捕入狱。在牢狱中，面对敌人的种种酷刑，他们宁死不屈，表现了崇高的革命气节。八九月间，晓庄师范青年学生石俊、叶刚、郭凤韶、袁咨桐、姚爱兰、谢纬棨、沈云楼、胡尚志、汤藻、马名驹 10 位同志，先后在雨花台英勇就义。他们中年龄最大的 23 岁，最小的才 16 岁。为纪念牺牲的 10 位英烈，1951 年 3 月，在栖霞区和燕路晓庄行知路 1 号行知园南侧竖立起了"晓庄革命烈士永垂不朽纪念碑"。

（七）八路军驻京办事处

八路军驻京办事处是当年八路军在国民党统治区设立的第一个公开办事机构。八路军驻京办事处旧址位于傅厚岗 66 号（现鼓楼区青云巷

41 号），原为南开大学校长张伯苓公馆。1937 年 8 月，周恩来通过与张伯苓的师生关系，租用张公馆作为八路军驻京办事处。博古、叶剑英、李克农、钱之光等曾作为工作人员在此居住过，董必武、叶挺也曾经在此住过。虽然办事处只在此工作了 3 个月，但做了大量工作，为实现第二次国共合作，建立、巩固抗日民族统一战线做出了重要贡献。

此外，抗日战争时期，南京的郊县战略地位非常重要，是苏南抗日根据地的领导中心。新四军在南京留下的遗址主要有新四军一支队司令部旧址和新四军驻高淳办事处旧址、横山县抗日民主政府旧址及溧水李巷指挥部旧址等。中国共产党在南京建立的红色政权旧址主要有横山县抗日民主政府旧址和竹镇市抗日民主政府旧址。此外，还有苏南反顽战役阵亡将士纪念塔（纪念馆）和桂子山烈士陵园。1956 年，六合县人民政府将散落各地的烈士墓集中，建立了桂子山烈士陵园。1976 年、1983 年、1993 年、2002 年又拨出专款，对烈士陵园进行修缮。陵园建有烈士墓、纪念碑、忠魂亭、陈列馆，陵区占地 19600 平方米，其中陈列馆 280 平方米。现已成为南京市爱国主义教育基地。

抗日战争期间，新四军曾在溧水境内创建了阳溧高、江当溧、江溧句三块抗日根据地，特别是白马镇李巷村是新四军苏南抗战的指挥中心，十六旅旅部、中共苏皖区委、苏南行政公署等苏南党政军首脑机关都曾驻扎在李巷，项英、陈毅、粟裕等老一辈革命家曾在此战斗生活。溧水还有著名的大金山抗战遗址。目前，由溧水区对李巷及周边 25 个自然村开展调研，筛选出 8 个村 20 处有较高价值的红色文化遗址遗迹，其中李巷村 6 处，有李家祠堂（十六旅旅部、中共苏皖区委、苏南行政公署驻地）、地下交通总站、溧水第一个农村党支部等旧址，以及陈毅、江渭清等新四军领导旧居等。

（八）梅园新村

梅园新村是中共代表团于 1946 年 5 月至 1947 年 3 月在南京与国民党政府进行和平谈判时居住和工作的地方。梅园新村 17 号是中共代表团办事机构所在地，30 号是周恩来、邓颖超办公和居住的地方，35 号是董必武、李维汉、廖承志、钱瑛等办公和居住的地方。

此外，南京的解放遗迹还包括革命烈士纪念碑（浦口）、南京渡江胜利纪念馆等。1949 年 4 月 20—22 日，由中国人民解放军第三十五军

103 师、104 师、105 师发起的解放江浦、浦镇、浦口的作战，是举世闻名的渡江战役的前奏和重要组成部分，史称"三浦战役"。为纪念在战斗中牺牲的指战员，1957 年 4 月，经报请江苏省人民革命委员会批准，在江浦县凤凰山建立革命烈士纪念碑。1999 年 4 月，中共江浦县委和县人民政府决定，在该镇求雨山山顶重建纪念碑，于 2000 年清明节前落成。南京渡江胜利纪念馆始建于 1984 年 4 月 23 日。纪念馆建筑面积 8200 余平方米，展览面积近 5000 平方米，总占地面积 21000 平方米，由主馆区、挹江门城楼、渡江胜利纪念碑三部分组成。

六　匠心独运，工业腾飞

南京的工商业一直较为发达。早在东吴孙权时代，南京的官办工场手工业已具相当规模；商贸也很兴盛，开辟了南京与海外交往通商的渠道。至近代，南京工商业开始了现代化进程，留下了诸多珍贵的工商文化遗存。较之几千年的中国农业文明和丰厚的古代遗产来说，工业遗产只有近百年或几十年的历史，但它们同样是社会发展不可或缺的物证，如李鸿章主持创办于清同治四年（1865）的"金陵制造局"、范旭东创建的号称"远东第一大厂"的永利铔厂、侯德榜参与主持的制碱厂和氮肥厂，以及近代以来的熊猫电子等。至今，工业仍是南京经济的主导产业。2012 年全市规模以上工业企业 2514 家，其中大中型企业 542 家，全部从业人员 79.46 万人，总产值 11405.12 亿元。在全国 40 多个工业行业大类中，覆盖 36 个，是中国现代工业重要的研制和生产基地。

七　民俗技艺，代代传承

除了丰富的自然景观和历史遗存，非物质文化遗产也是南京历史文脉不可分割的重要部分，具有不可替代的研究价值。

南京的非物质文化遗产种类丰富，数量众多，内涵丰富，特色明显。目前，南京市已拥有南京云锦织造技艺、中国雕版印刷技艺（金陵刻经印刷技艺）、中国剪纸（南京剪纸）、古琴艺术（金陵琴派）等 4 项人类非物质文化遗产名录，南京白局、秦淮灯会等国家级非物质文化遗产项目 11 项。它们共同构成了南京四级非物质文化遗产名录体系。在确立名录的同时，通过组织推荐、申报、评审、认定等程序，南京市目前已拥有国家级非物质文化遗产代表性传承人、省级非物质文化遗产代表性传承人、南京市级非物质文化遗产代表性传承人，构成南京市级以上非物质文化遗产代表性传承人体系。通过组织申报、评审、认定等程序，现已分层次建立了重点项目传承保护基地和生态保护区，如"南京市非物质文化遗产传承保护展示基地""南京云锦传习基地""金陵刻经印刷技艺传承保护基地""南京剪纸传承培育基地""秦淮少儿非物质文化遗产传习实验基地""高淳村俗文化生态保护区"等。在社会各界的共同努力下，南京的非物质文化遗产保护、利用与传承已经取得了令人瞩目的成就，为南京的文化建设做出了突出贡献。

第二章

南京历史文化资源保护利用的总体战略

近年来，南京的全民文化遗产保护意识日趋增强，政府文化遗产保护投入不断增加，文化遗产保护利用工作日趋规范成熟，保护成效显著。南京基本保持了历史文化名城的古都格局及其所依托的山水环境，较好地控制了老城"近墙低、远墙高，中间高、周边低，城北高、城南低"的总体空间形态，绝大部分的历史文化街区得到保护，文保单位、重要近现代建筑得到立法保护。文物古迹的保护对象不断拓展，若干已经消失的标志性历史文化景观，在审慎论证的基础上正在多元再现。

第一节　南京历史文化保护的成效

从 2004 年起，南京市建立了南京市非物质文化遗产保护工作领导小组、专家委员会以及市非物质文化遗产保护中心等工作机构，全面开展非物质文化遗产保护工作。面对当前以文化建设为核心的城市竞争，古都南京显示出可持续发展的强劲势头。①

一　"保老城，建新城"的保护战略初见成效②

21 世纪以来，南京市委、市政府更加明确了"疏散老城、建设新区"的城市建设方针，确立了"充满经济活力、富有文化特色、人居

---

① 南京市人民政府：《南京历史文化名城保护规划》（2010—2020），第 34 页。
② 同上书，第 26 页。

环境优良"的城市发展目标。在"一疏散、三集中"和"一城三区"城市发展战略的指引下，南京城市建设的重心第一次真正跳出了明城墙的范围，向新区转移，使新区建设对疏解老城保护压力的作用开始显现。

二　历史文化保护的行动策略不断创新

南京市在历史文化资源保护和利用工作中逐步探索出"找出来—保下来—亮出来—用起来—串起来"的历史文化保护和利用的行动策略。找出来，通过多种途径将隐没于现代化背景中的历史文化资源挖掘出来。保下来，通过出台法规、制定规划、挂牌、修缮等多种手段，将历史文化资源全方位地保护起来。亮出来，通过拆除历史文化资源周边棚屋，整治周围环境，设置指示牌等，将历史文化资源展示给社会公众。① 用起来，将历史文化资源保护和公共空间环境的改善结合起来，给历史文化资源注入现代功能，实现保护与展示利用的良性循环。串起来，通过串联、整合现有分布相对零散的历史文化资源，形成一系列相互联系的历史文化线路，更好地体现南京古都整体风貌和历史文化氛围。②

三　古都格局和环境风貌等关键历史文化要素得到重点保护

南京"山、水、城、林"的城市格局最能够代表南京独特的空间形象，对南京城市空间特色的塑造有着举足轻重的意义，是城市的特色名片。南京市近年来对南京古都格局和环境风貌等关键历史文化要素投入巨资，持续不断地进行沿线和周边地区的环境综合整治，建设了一系列绿地公园广场和相关配套服务设施，使得明城墙、紫金山、玄武湖、秦淮河等关键历史文化要素真正融入城市公共生活。③ 其中，从 2000 年起，先后投入文物保护资金累计超过了 30 亿元，启动大规模明城墙抢险维修和风光带环境整治工作，抢险维修长度达 24 千米，超过了现存

---

① 《为了传承二千五百年的古都记忆》，《南京日报》2007 年 8 月 1 日。
② 南京市人民政府：《南京历史文化名城保护规划》（2010—2020），第 26 页。
③ 同上书，第 27 页。

城墙的 92%，同步疏浚了护城河，拆迁了城墙至护城河之间的居民及违章建筑，改善了城墙周边环境，使明城墙连贯成一条富有特色的城墙风光带，实现了显山、露水、见城、透绿的目标，获得了建设部颁发的"中国最佳人居环境范例奖"①。明城墙已被列入中国申报世界文化遗产预备名录。南京明孝陵成功申报"世界文化遗产"，为国家级风景区增添了新的活力。秦淮河环境整治工程于 2008 年获得联合国人居署颁发的"联合国人居奖特别荣誉奖"。

四　历史文化集中片区得到有效控制和保护

近年来，南京市全面实施了现行版历史文化名城保护规划确定的10 片历史文化保护区的保护与环境整治工程，在保护区内文物古迹的基础上，通过拆除区内破旧危房、综合整治保留建筑、建设绿化广场等措施，有效地改善了街区环境。② 其中，2006 年 5 月，市政府投资 1.7亿元对全国重点文物保护单位甘熙宅第进行了全面修缮和环境整治，并启动了以其为核心的南捕厅历史文化街区保护建设项目，南京非物质文化遗产博物馆、熙南里风貌街区，成为展示南京历史文化名城传统民居风貌特色的一大亮点。③

颐和路公馆区实施了 12 号地块的保护性更新改造，拆除了违章搭建，用地功能适当转换，形成具有历史文化氛围的办公研发基地。

五　文物古迹保护对象不断扩展，并得到保护修缮和合理利用

2005 年，南京市规划局会同文物部门开展覆盖全市域的"南京历史文化资源普查建库工作"，摸清了南京的历史文化资源家底，建立了全市历史文化资源地理信息系统，以利于全市历史文化资源的统计、查询和永续保护。④

近年来，在相关规划的指导下，南京市投入上亿元资金用于历史文化资源的保护，一大批国家、省市级文物保护单位得到了重点修缮和展

---

① 《南京文化遗产保护利用情况》，第 2 页。
② 南京市人民政府：《南京历史文化名城保护规划》（2010—2020），第 27 页。
③ 《南京文化遗产保护利用情况》，第 2 页。
④ 南京市人民政府：《南京历史文化名城保护规划》（2010—2020），第 28 页。

示。南朝陵墓石刻等一批重点文物保护单位的修缮工作相继完成。明故宫西安门等一大批文物古迹，结合城市公共空间环境的改善，从单位大院、居住区中展示出来。一批历史地段、历史建筑结合城市功能的提升，转换为公共服务功能，得到合理利用。① 大量深埋在古城地下的珍贵文化遗存，得以保护和展示。

2007 年 6 月，市政府投资约 1.35 亿元，实施了全国重点文物保护单位瞻园北扩工程，恢复明清瞻园的历史风貌，彰显"宁派"造园艺术的魅力。2010 年 5 月，市政府投资约 9000 万元，用于实施省级文物保护单位朝天宫提档升级工程，使这座江南规模最大、等级最高、保存最好的明清官式古建筑群再现了活力。②

2008 年，南京大报恩寺遗址发现了六朝长干寺地宫，出土的七宝阿育王塔举世瞩目，为重塑六朝古都佛教文化的引领地位，提供了最具价值的实物资料。该项发现被评为"2010 年度全国十大考古发现"。从 2010 年起，依托古都留存的重要历史文化遗迹，南京提出建设一批大遗址公园的目标，首批除大报恩寺遗址外，还有明皇宫遗址、南京直立人化石发现地、阳山碑材、南朝石刻、石头城、牛首山等。这些遗址公园保护与建设规划大多已经完成，部分建设工作也已经启动。③

六　文博场馆成为宣传南京的重要窗口

南京博物馆体系建设已粗具规模，逐步形成"古代历史博物馆""近现代历史博物馆""历史名人纪念馆"和"自然与科学技术博物馆"四大系列，有 70 余座博物馆、纪念馆。

江宁博物馆（东晋博物馆）新馆在 2011 年 9 月正式开馆，进一步提升了江宁地区的历史文化氛围。南京非物质文化遗产博物馆于 2012 年 6 月 8 日开馆，成为传承南京地区非物质文化的重要阵地。2013 年 2 月 7 日，江宁织造博物馆、堂子街太平天国壁画艺术馆试开馆。④ 2014 年 8 月 11 日，由世界著名建筑大师贝聿铭担任主创设计的六朝博物馆

---

① 南京市人民政府：《南京历史文化名城保护规划》（2010—2020），第 28 页。
② 《南京文化遗产保护利用情况》，第 2 页。
③ 同上书，第 3 页。
④ 同上书，第 3—4 页。

开馆。中国科举博物馆、南京直立人化石遗址博物馆也于同日开馆。

此外，依托南京具有代表性的城市文化遗产，南朝石刻博物馆、明皇宫博物馆、城墙博物馆、孙权博物馆、佛教博物馆等特色历史文化场馆的选址、规划和建设，正在进一步加快步伐，充分彰显南京的文化特色优势。①

七　重要历史文化景观得到审慎再现②

近年来，南京尝试将历史文化资源保护和城市的复兴结合起来。在规划的引导下，一些在古都南京历史上产生重要影响但已消失的文化资源，在充分论证的基础上依据历史记载得以再现，提升了古都的文化品质。阅江楼是依照明朝开国皇帝朱元璋"便筹谋以安民，壮京师以镇遐迩，故造斯楼"诗及《阅江楼记》等史料建设的一组传统建筑，改写了600多年来"有记无楼"的历史。阅江楼位于老城西北、长江边的狮子山上，与明城墙、护城河、长江等自然人文风光有机融合，形成一处极具吸引力的旅游景区。

八　初步建立起历史文化遗产保护法规体系

南京历史文化名城保护规划实施以来，地方政府在《中华人民共和国文物保护法》的基础上，制定了相应的地方法规，为规划实施提供了法律依据。

南京于1989年5月公布施行了《南京市文物保护条例》。1996年4月，江苏省人大常委会批准了《南京城墙保护管理办法》，该《办法》是我国城市中第一部以古城墙保护管理为内容的专门法规。1999年10月，江苏省人大常委会批准了《南京市地下文物保护管理规定》。此外，还出台了《南京夫子庙地区管理规定》《南京市中山陵园风景区管理条例》《南京市雨花台风景名胜区管理条例》等地方性法规。

为加强重要近现代建筑的保护，南京市积极推动了重要近现代建筑

---

① 《南京文化遗产保护利用情况》，第4页。
② 南京市人民政府：《南京历史文化名城保护规划》（2010—2020），第28页。

及其风貌区的保护立法工作。南京市规划局牵头起草了《南京重要近现代建筑和近现代建筑风貌区保护条例》，2006 年 7 月 23 日该条例由南京市人大常委会审议通过，江苏省人大常委会审议并于 2006 年 9 月 27 日批准实施。目前，南京历史文化名城保护的纲领性法规《南京历史文化名城保护条例》已经提交市人大审议。[①]

尽管南京历史文化保护工作已全面开启，但尚存历史文化资源缺乏有效整合，资源分散、多头管理的现象较为突出等问题，使南京在保护文化遗产与适度开发上面临新的考验。

第二节　南京历史文化遗产保护利用问题分析

南京的文化遗产利用工作取得了一些成果，一批重要文化遗产在城市建设中得到了妥善保护和充分利用，但是南京市的名城保护在面临如何处理城市发展和历史保护的关系上，仍然存在着许多难题，面临着许多复杂的矛盾。文化遗产保护与城市发展和人民生活水平与质量不断提升的要求还有一定差距。

目前，南京文化遗产利用方面已经出现两个极端倾向，有的文化遗产过度开发，不顾文化遗产自身性质；有的文化遗产湮没在城市的角落，无人问津，残破不堪。历史文化资源的挖掘、整合与利用方面，缺乏新的理念与思路，对外影响力还不够，与城市功能的提升缺少更好的结合。这些都需要我们更进一步地研究新形势下不同性质、不同类型的文化遗产的个性利用问题，以期实现文物古迹的全面保护和积极利用。

一　老城长期发展的惯性与历史文化保护的矛盾依然存在

长期以来，南京老城是城市的政治、经济和文化中心，也是南京历史文化保护的中心。两个中心的重叠，客观上导致老城的人口和建筑高度密集，环境和交通压力不断加大。近年来，随着南京新区建设力度的加大，老城人口和功能的增长有减缓的趋势，但综合来看，由于老城能

---

① 南京市人民政府：《南京历史文化名城保护规划》（2010—2020），第 29 页。

够提供更加完善、高效的服务体系，更多的就业机会，加上市民择居的心理惯性，老城仍然是南京目前最有吸引力的地区。人口总量仍然增长较快，这对老城环境品质的提升及交通出行条件的改善造成压力。[1] 由于传统建筑长期得不到应有的正常维修，严重老化。交通、供水、供气、消防等基础设施配套落后，难以满足现代城市生活需求。[2] 因此，对老城的保护工作刻不容缓，同时老城建设总量却仍然呈现惯性上升的趋势，建设与保护的矛盾凸显。

二　历史文化保护资金缺口较大

历史文化保护的主要回报是社会效益，经济上的回报有限，所以历史文化保护必然主要依靠政府投入来推动。政府的投入尽管不断增加，但是仍然难以满足历史文化遗产保护的巨大需求。非物质文化遗产保护工作，从普查到挖掘提炼，从人员培训到资料整理，从规划保护到抢救利用，都需要资金做支撑。但南京目前的非物质文化遗产保护经费没有像物质文化遗产保护经费一样被列入财政预算，更没有形成长效保护机制，且资金量小，无法满足现实需求。

三　历史文化遗产资源的特色价值有待进一步挖掘

南京老城保留下来的老建筑、历史遗址、传统街区不够丰富，现有的近代优秀建筑、名人故居等历史文化资源分布零散，与体现城市古都特色的山川名胜、河湖水系、街巷格局等尚未形成整体的保护系统，使得古都的历史感不够厚重。最能代表南京特色的老城南地区多年来投入不足，未能得到保护性的更新提升。南京辉煌的六朝文化、明朝文化、民国文化还未充分展现，需要建立特色文化主题线路，展现南京的特色文化。

四　民众参与历史文化遗产保护的程度较低

随着历史文化遗产保护对象由单一建筑扩展到建筑群，由遗址扩大

---

① 南京市人民政府：《南京历史文化名城保护规划》（2010—2020），第30页。
② 同上书，第31页。

到遗址区域，从文物保护区扩展到历史街区、历史城市，从遗址本体保护扩展到背景环境以及场所文化景观的保护，这使得文化遗产保护与民众的关系越来越密切。因此，努力增强民众对遗址保护意义的认识，引起社会各界力量对保护工作的关注，是加强历史文化遗产保护的基础性工作。① 目前，在南京的历史文化遗产保护方面，民众参与程度较低，主要表现在两个方面：一是当前南京市历史文化遗产保护的主体仍然是政府，民众对历史文化遗产的认知度较低，民众参与保护的积极性不高。二是历史文化遗产资源开发利用方面，未能充分体现改善民众生活环境、提升生活质量的作用。目前，南京市历史文化保护工程贵族化倾向严重。1912 休闲街区、熙南里街区、颐和路 12 地块总部基地等历史文化保护工程，均为高档的休闲消费场所，普通市民消费不起，缺少参与性，活力不足，社会效益较低。而成都宽窄巷子、天津意大利风情街改造后，成为普通市民广泛参与的休闲街区，街区公共化程度较高，民众参与性强，白天黑夜均呈现出一派生机。

第三节　国际历史文化遗产保护经验借鉴

在国外文化遗产资源保护的发展史上，有两个主要的理论流派：文化功能主义与客体中心主义。很长一段时间内，人们只会在某个文化客体对他们有价值的时候，才会关注这个客体。而且，判断文化客体价值的标准经常是选择性的，甚至是有偏见的。比如，非洲的艺术品在欧洲人眼里不会认为有价值，妇女在长达几个世纪里都不能涉足艺术等。在文化功能主义者眼里，文化遗产纯粹就是人类的一个创造，这不仅是因为它是由人类加工而成的，而且因为它是由人类定义的。客体中心主义者在定义文化客体时，仅仅参考它们在社会中的用途，甚至根本不知道"文化资产"为何物。他们不支持对文化遗产的各种利用。当客体中心主义者聚焦于文化客体以及对它的内在价值给予绝对保护时，文化功能

---

① 郑育林：《城市化背景下的大遗址保护与利用问题》，文物出版社 2014 年版，第220 页。

主义者认为，文化遗产保护不能跟社会脱节，文化遗产的最重要功能是跨文化交流。可见，文化功能主义者更"现代化"，因此他们的观点被广泛接受。

一　主流的文化保护观

（一）文化经济观

文化经济观的典型标志是大约 50 年前"文化财产"概念的提出，日本等国家直接把文化财产称为"文化财"。文化财产最早的表现形式是战争中的战利品。从现在最新的学术研究成果看，一些话题诸如古代文化、原住民（土著）、文化保护、博物馆收藏与展示、文物归还、旅游业、非物质文化遗产、文化多样性等，已经成为有关文化财产讨论的热点。最具代表性的观点是"文化财产国际主义"，指的是每个人无论身处何处、来自何处或何种文化背景，都会有兴趣保护和欣赏文化财产，文化财产属于全人类。文化国际主义是联合国教科文组织建立的一个基础。因此，联合国教科文组织中的文化部门，其活动就是以一种熟悉的方式展示成员国家和组织之间的利益。这种利益的内涵是多方面的，其中就包括以严格的文化保护为前提的经济利益。比如，对文化财产的旅游开发与利用，因为这是实现文化财产国际化的一种途径。对于文化古迹类的文化财产，有人以越南世界文化遗产"My Son 神庙"为例进行实证研究，发现开发旅游后，神庙的保护更及时，而且在旺季时游人如织，于是建议神庙首先准确估算遗产地的游客承载量，然后采用一套季节性变动的价格机制，在高峰期以高票价限制游人，在淡季以低票价吸引游人。这既可以减少拥堵，保护遗产，又可以增加收入。对于原住民文化类的文化财产，以巴西塞古罗港的印第安人部落为例，实证研究表明，旅游的开发利用让原住民参与并实现了当地的"文化复兴"。

（二）文化创意观

文化创意是以文化为基本元素，融合多元文化，整合相关专业知识，利用不同专业平台而构建的再造与创新的文化现象。根据联合国教科文组织（UNESCO）的界定，创意经济包括视听产品、设计、新媒介、表演技术、出版和视觉艺术。2002—2011 年间，发展中国家的创意产品出口实现年均增速 12.1%。2011 年，全球创意产品和服务的产值达到创纪录的 6240 亿美元，是 2002 年的两倍。文化创意产业已经成为可持续发展和联合国"2015 后（post—2015）全球发展议程"的重要推动力。文化创意由英国首倡，随后法国、美国、韩国、中国香港、中国澳门等国家和地区也纷纷提出相关概念。世界主要国家和地区创意产业的发展类型各不相同，主要包括三种：以英国为代表的"创意型"、以美国为代表的"版权型"和以中韩为代表的"文化型"。

在文化创意背景下，打造文化发展道路必须认识到：（1）除了其经济效益，创意经济也产生非货币价值，可以显著地为实现以人为本、包容性和可持续的发展做出贡献。（2）创意产业可以使文化成为经济、文化和环境协调发展进程中的驱动器和推动者。（3）通过勾勒创意经济的本土化资产，可以发现发展机会。（4）作为一种基本的上游投资方式，创意产业可以通过严格的信息收集来强化证据基础，以形成任何连贯性的创意经济发展政策。（5）对于已知的创意经济政策的执行情况，调查创意产业正式和非正式部门之间的联系是很关键的。（6）重点分析对于当地创意经济发展而言，有助于形成新的发展路径的关键因素。（7）在整个价值链中，对创造力、创新和可持续创意企业发展进行投资。（8）对本土的能力建设进行投资，以强化创造力和文化创业。（9）发展中国家应该积极参加南—南合作，促进生产力的相互学习，并广泛宣传国际政策议程。（10）即使在面对竞争的优先事项时，主流文化也要被纳入当地的经济和社会发展计划。

（三）文化可持续发展观

传统的文化遗产保护注重的是文化的"原真性"保护，致力于防止文化传统、人造商品、建筑物的"文化变异"。比如，中国香港的传统节日"太平清醮"（Bun Festival），通过各种歪曲的、非原真性的途径来制造遗产构件，最不可思议的就是节日用的"包子"都不是传统的制作方法了。"原真性"问题仍然是文化遗产保护研究的重点之一。此外，几个新的研究热点开始涌现。

1. 社区增权问题

实现文化的可持续，要注意本地居民的增权问题。对于本地居民来说，文化的原真性和商品化问题可能不是他们最关心的，他们最关心的是遗产开发以后他们是增权了还是除权了。关于文化能否得到可持续发展，环境或生态的可持续发展对他们的影响不大；经济的可持续是当然没问题的，因为主要的利益相关者都关心这个问题；但社会的可持续发展就不确定了，因为社区居民的增权问题需要谨慎处置，特别是城镇化、现代化的影响，以及遗产地年青一代的诉求。

有些研究进一步表明，当地政府和旅游部门应该多听当地社区的意见，而且还应该跟当地社区建立良好的伙伴关系。这样才能让社区居民感受到，文化遗产作为一种旅游吸引物，既是我们的，也是游客的。

2. 气候变化问题

应对气候变化对文化遗产保护的影响已十分紧迫，被形容为"与时间赛跑"。因为温室气体的排放，导致了全球气温上升、冰盖融化、海平面上升以及极端天气等一系列气候灾害，且这些气候灾害已经对文化遗产（包括物质文化遗产和非物质文化遗产）的保护产生了不良影响。对物质文化遗产的影响，主要是极端天气带来的暴雨、雪灾等灾害对建筑物、古迹、考古遗址等造成的破坏。对非物质文化遗产的影响，主要是气候灾害导致遗产传承人迁徙、传承人地位消失以及遗产失传等不良后果。应对措施主要有：（1）预防措施，在个人、社区和政府层面做出在环境保护意义上合理的措施，以管理、报告和减缓气候变化的影响。（2）纠正措施，通过制订全球和区域层面的战略与社区管理计划来适应气候变化的现实。（3）分享知识，包括分享最好的实践和研究成果。

3. 空气污染问题

空气污染对于文化遗产，尤其是建筑类遗产影响的研究已经进行了很多年。空气污染对文化遗产的破坏主要有两种表现：一是对文化遗产的腐蚀，二是在遗产表面产生污渍。保护的办法，首要的是治理空气污染，其次是开发保护材料或设施，此外还有设立保护基金等。

（四）文化政治观

随着全球化的深入，文化的政治化倾向越来越强烈。因为信息和通信技术的不断进步，一个小小社区的文化可以很快在全世界范围内传播开来。反过来，文化的这种快速全球化唤起了人们控制自己文化的欲望，因为他们担心自己的文化遗产会受到威胁。有趣的是，文化遗产在此背景下的当代表述往往有具体化的倾向，从而加强一个相对严格的分界文化和种族的界限。这种对文化的控制主要表现为：限制外来文化的流入，认为它们不纯洁；限制原住民文化符号的流出，认为这是一种盗版或偷窃行为。文化遗产的这种"专有身份化"，已经在不同的文化社区内产生了一定的紧张。这种紧张不仅存在于社区之间，也存在于文化与政治之间。它的本质是文化遗产的权力归属问题。从理论层面讲，这种紧张是文化相对主义和普遍主义的认识论困境，同时也重新让有关原住民的人权的争论显得有意义。而我们亟须做的是，通过把原住民的文化遗产保护与其他第三方的利益，或者其他更远的社会公众的利益进行比较和对比，以舒缓这种紧张关系。

（五）跨文化保护观

对文化遗产资源的跨文化保护，跟文化遗产资源的可持续保护观一样，是一种新兴的遗产保护理念。从事这方面研究的学者还很少，现有的最具代表性的成果是 Stefan 和 Thomas 编著的代表作《罗马的传统与跨文化遗产》一书。作者以意大利首都罗马城的文化遗产资源为例，探讨文化名城如何对文化遗产资源进行跨文化管理。研究认为罗马城经过数百年的建设，取得了史称"罗马成就"的辉煌的文化功绩。但是，罗马城的文化功绩，以及现存的文化遗迹，不仅仅是罗马人创造的，创造者还包括希腊人、阿拉伯人、德国人、西班牙人、法国人等。罗马城今天的文化遗产集中体现了欧洲各国的文化成就，是一种跨文化的文化成就的集中展示。因此，在对罗马城的文化遗产资源制定保护规划时，不仅仅是意大利传统文化的艺术标准和规范，同时要更多地考虑阿拉伯和希腊的文化传统。对罗马城文化遗产的研究也应该注重这种多样性和交织性。同样的观点在对俄罗斯圣彼得堡的文化遗产保护的研究中也有体现。

二　专项文化遗产保护理论

（一）水下文化遗产资源的保护理论

2001 年，联合国教科文组织召开水下文化遗产保护专题会议，由此，水下文物保护开始受到各国政府普遍重视。所谓水下文化遗产，主要包括水下的文物、沉船、遗址、建筑，甚至包括对考古研究有价值的一些小的痕迹。在得到相关许可的前提下，水下文物可以从海床移到地面进行保护。保护这些水下文化遗产的主要措施有：国家之间要在水下文化遗产发现地的信息提供，以及调查、挖掘、记录、保存、研究和推广方面进行合作；强调文物离开了发现地之后的保护原则，如果是意外移动，要尽可能减少对发现地的干扰；各国要对已知的水下文化遗产进行官方登记（设密，如果需要的话），并鼓励潜水协会、考古学家与他人在这方面进行合作；各国必须确保尽可能早地发布水下文化遗产调查和发掘的充分的科学信息；各国要确保有关水下文化遗产有足够的保护措施，保证所发现的文档中的有关遗产的记录都能够得到执行，研究人员能够接触到它们；国家有义务确保发现的水下文化遗产及其价值通过教育的方式来提升欣赏价值，并提供水下文化遗产调查、发掘和恢复性保护等方面的技术培训；政府部门要确保许可证制度的严谨性，让遗产的调查、挖掘和恢复性工作，由受到过"专门训练及具备相关技能"的人员来完成。

（二）原住民文化遗产资源的保护理论

研究认为，原住民文化遗产资源具有多种价值，有些具有科技价值，对于社区的文化保护、旅游意义非凡；有些具有精神价值，具有凝聚人心的作用，也是原住民文化与其他文化的区别之一。但在原住民文化遗产的保护方面，存在三方面挑战：其一，管理方向的冲突，即文化资源的保护管理是以原住民为中心还是以其他的利益相关者为中心；其二，社区管理机构的限制，它受限于原住民对管理机构的角色期望以及管理机制，因为管理人员是原住民，但管理标准却不是原住民指定的；其三，监管和执法实践的缺陷，因为原住民的福利根植于祖先土地有形和无形价值的完整性，但管理机制只关心遗产地的环境绩效。这是原住民文化遗产地所面临的共同挑战，没有普适性的解决办法。相对而言，更多地尊重原住民的文化和习俗，甚至实现遗产地有限的自治，对于原住民文化遗产资源的保护是比较好的选择。

三　国外文化遗产资源的保护策略

作为文化遗产资源保护的最高机构，联合国教科文组织及其他各个专业性国际组织一直致力于文化遗产资源的管理和保护，先后召开了一系列专题会议。会议形成的决议，最后都成为世界各国文化遗产资源保护的指导思想和行动纲领。此外，联合国教科文组织也会就一些具体的遗产保护问题制定针对性的策略，比如2003年，联合国教科文组织为了打击文化遗产的非法贩运问题，建立了基于国家文化遗产法的联合国教科文组织数据库。通过编译在互联网上其会员国的国家法律，联合国教科文组织提供了一个涵盖所有利益相关者在内的、全面而又容易获得的信息来源。通过这个数据库，可以很容易地快速访问相关国家的有关法律。具体来说，这个数据库可以查询到：（1）国家现行法律与一般文化遗产的保护政策；（2）文化遗产的进口和出口证明材料；（3）国家法律和证明材料的官方或非官方翻译件；（4）负责文化遗产保护的国家机关的详细联系方式；（5）用于文化遗产保护的国家官方网站。

除了联合国的各部门外，一些区域性的跨国组织也会就区域内的文化遗产资源保护，执行共同的行为规范。比如，欧盟委员会就有专门的文化遗产保护政策。面对文化遗产保护领域日益复杂的人文与自然环境，欧盟委员会制定了专门的文化遗产风险防范政策，包括：（1）原则。在风险状态下有效保护文化遗产的关键是预先规划和准备；对文化遗产风险防范措施的预先规划，应该放在整个遗产保护的大环境下，并要对它的建筑、结构以及相关的内容和景观做出综合的考虑；事先对文化遗产减灾保护的规划，应该在一个整体的遗产灾害防范战略下做出综合的考量；防范要求应该以对遗产价值的影响最小化的形式来满足遗产建筑的防范标准；文化遗产的使用者应直接参与应急响应计划的制订；保护文化遗产的功能在紧急情况下被确定为高优先级；保护原则应该被适当整合在灾害规划、响应和恢复的各个阶段。（2）方法。首先，为风险防范规划一个框架，主要包括减少风险源、强化抵抗和包含灾害后果的能力、对即将发生的灾害提供足够的预警、制订灾害—响应计划等举措的准备阶段，以及确保应急响应计划可以获取、动员保护队等举措的反应阶段，也包括努力缓解灾害的负面效果、努力重建遗产的物理组件和它的社会结构以及社区努力恢复和加强防备措施等决策的恢复阶段。其次，对不同类型的文化遗产分别制定风险防范规划，比如文化古迹、建筑群、考古遗址等要分别制定规划。

此外，各国有自己的特色性文化遗产保护策略。如荷兰为了更专业地保护本国的文化遗产资源，专门成立了由来自国内外高校、博物馆、研究机构的学者组成的"专家中心"；意大利通过成立专门的"文化遗产保护宪兵司令部"来维护文化遗产资源的安全；韩国通过不断完善遗产保护法案来保护境内的非物质文化遗产资源。

四　苏州市历史文化遗产保护经验借鉴

苏州与南京同属江苏省，地理位置相近，历史悠久。作为全国历史文化名城，苏州与南京既有其独特的资源禀赋，又有相似相通之处。苏州在古城保护方面进行了较多有益的探索，值得南京借鉴，主要表现在以下几个方面。

（一）成立专门机构，加强对古城保护工作的领导

2003 年，苏州市成立了历史文化名城名镇保护委员会，由市长兼任主任，分管副市长兼任副主任，相关部门和市（县）区的主要领导作为成员，定期召开工作会议，加强对古城保护工作的统筹协调。2012年，设立苏州国家历史文化名城保护区，将原苏州市平江区、沧浪区、金阊区合并为一，整体纳入保护区范围，进行统一规划管理。[①]

（二）建立完善古城保护和文化遗产保护的地方性法规规章体系

率先以地方法规的形式制定出台了《苏州市民族民间传统文化保护办法》《苏州市昆曲保护条例》等。截至 2013 年年底，已出台古城保护、文化遗产保护相关的地方性法规规章 20 余件。[②]

（三）率先实施城市紫线管理，把古城保护、文物保护纳入城市规划强制性内容

2003 年年底，苏州市规划局、文物局联合拟定了《苏州市城市紫线管理办法》。按照管理办法的要求，苏州市规划、文物部门对一切需要保护控制的历史文化遗存划定保护范围，上网公布，联合审批，并接受社会监督。城市紫线管理是根据当地古城保护、文物保护的实际提出来的一个刚性的、领先的保护手段。[③]

---

① 苏州市文化广电新闻出版局（文物局）：《苏州文物保护工作情况》，第 2 页。
② 同上书，第 3 页。
③ 同上。

（四）积极挖掘和展示古城历史文化内涵，鼓励和调动全社会参与古城保护、文物保护的积极性

一是设立古街区标志牌。苏州市文物局选择了 42 条古街巷，设置了古街巷标志牌。古街巷标志牌采用木质材料，古朴、典雅，中英文对照。通过标志牌将中外游客引入小巷深处，感触苏州的古老和沧桑。同时，还制作了 51 块名人故居标志牌。二是组织"古城寻宝大行动"，发动全体市民寻找身边需要保护的物质遗产。全市数百人参加此项活动，最终提供有价值的保护线索 250 多处，经过专家现场评估，16 处被列为市保单位，50 处被列为控制保护古建筑。三是组建古城保护志愿者队伍，充分发挥广大市民群众的积极作用。2005 年，苏州市成立了古井保护志愿队，设立了古井保护基金，并对市民评出的"古城十大名井"实施保护工程。同时，苏州市文物局联合苏州主要媒体、优秀民营企业，相继举办了"我身边的文化遗产"摄影大赛、"我为城墙捐块砖"、苏州市第三次全国文物普查"十大新发现"评选等活动，积极引导公众参与到古城保护、文物保护行列中。2013 年，为配合大运河申遗，苏州市文物局组织开展"我的运河我的家"为主题的中小学生画信活动，苏州市区有 104 所中小学校、约 2 万名中小学生参与了该项活动。①

五　西安市历史文化遗产保护经验借鉴

西安与南京皆为古都，历史文化遗存丰富。在历史文化遗产资源的保护方面，需要相互学习和借鉴。

西安在文化遗产保护工作中，坚持以人为本，始终注重"惠民"，使群众从文化遗产保护中受益，将文化遗产从村庄占压、垃圾遍野的环境下解放出来，将长期生活在遗址区的居民从生产生活受限制、基础设施缺乏的困境下解放出来。

在博物馆事业方面，西安市民办（行业）博物馆的设立和管理方式值得借鉴。西安市鼓励工、农、科、教，以及国防科技、航空航天、高新技术等行业部门，优先发展体现行业特色的专题博物馆，推动行业博物馆建设，鼓励由行业小型陈列室到专题博物馆、由行业内部开放到

---

① 苏州市文化广电新闻出版局（文物局）：《苏州文物保护工作情况》，第 5—6 页。

面向全社会开放的转变。与此同时，由市级财政预算安排专项资金，用于支持引导民办和行业博物馆的建设与管理。专项资金主要用于建设补助，日常运转、临时展览、年度综合考核、培训和宣传方面。其中，对民办博物馆每馆每年按照对应等级分别给予 50 万元、30 万元、20 万元的运转经费补助；对大专院校、国有企业等行业管理的博物馆，每馆每年按照对应等级分别给予 15 万元、8 万元、3 万元的运转经费补助；对于超小型博物馆视其运转和提供社会服务情况给予相应金额的补助。[①]2011 年，西安市文物局、财政局联合制定《西安市民办（行业）博物馆考核办法（暂行）》，为规范引导、扶持帮助民办（行业）博物馆健康有序发展提供了政策依据。同年，又出台了《关于促进民办博物馆发展的实施办法（暂行）》，在政策上给予民办博物馆建设优惠、税费减免、财政和金融扶持、人才培养、宣传教育、组织管理方面的扶持。

第四节　南京历史文化遗产保护利用总体战略建构

贯彻"保护为主、抢救第一、合理利用、加强管理"的工作方针，按照城市整体风貌、历史文化保护区和文物古迹三个层次，南京探索建立多层次、多元化的历史文化保护体系。加强非物质文化遗产保护工作，积极申报世界非物质文化遗产，构建非物质文化遗产传承保护机制。

一　继续推行"保老城、建新城"战略[②]

继续推进"保老城、建新城"战略，加快外围新区建设，疏解老城人口，合理调整老城功能。外围地区要积极推进各级公共活动服务中心和相关配套设施的建设，主动吸纳老城疏散的功能和人口，形成功能相对完善的城市新区。

---

① 西安市财政局、西安市文物局关于印发《西安市民办和行业博物馆发展专项资金管理办法（暂行）》的通知。

② 南京市人民政府：《南京历史文化名城保护规划》（2010—2020），第 43 页。

"保老城、建新城"的城市发展战略，彻底扭转了南京城市内向性的发展思维，在更大区域层面解决了老城的疏解和保护问题及城市新的发展空间的需求。这在南京城市发展史上具有划时代的意义，必须坚定不移地坚持下去。今后应进一步推进老城与新区在功能、产业和空间上的错位发展，促进老城与新区联动、有序发展。

新区建设要主动吸纳老城疏散的功能和人口，积极推进以三个副城中心为首的各级地区中心和各类专业中心的建设，构建多中心网络体系，优化城市多中心开敞式的空间布局结构，并不断完善教育、商业、文化等设施配套，逐步形成相对独立的现代化新区。

二　完善历史文化遗产保护的法规与规划

完成南京历史文化资源普查工作，编辑出版《南京文物保护单位名录》。对六朝文化、明文化、民国文化、革命文化等文化资源进行保护利用、整合和整体规划；编制完成重要大遗址总体保护规划纲要；制定实施不可移动文物保护规划。

按照新修编的《南京市历史文化名城保护规划》，做好九大历史文化街区、22片历史风貌区保护规划以及省级以上重点文物保护单位保护规划的编制工作，作为指导新一轮城市特色发展的依据。[1]

根据文物保护单位的管理实际需要，进一步推动完善具有南京特色的文化遗产保护与利用的地方性法规体系，把南京的文化遗产保护工作真正纳入法制化轨道。制定出台《南京市城市紫线管理办法》，将古城保护、文物保护纳入城市规划强制性内容。在非物质文化遗产保护方面，南京应借鉴苏州等城市的经验，制定一套与国务院、江苏省相关法规政策衔接配套又符合南京市实际的"民间传统文化保护条例""南京市非物质文化遗产保护基金募集和管理条例""关于促进南京市非物质文化遗产文化产品走进文化市场的若干意见"等地方法律法规，使非物质文化遗产保护有法可依、有规可循。此外，将非遗的产业化和内部创造性活动与现代市场制度、知识产权制度接轨，使其劳动成果得到现有

---

① 《南京文化遗产保护利用情况》，第6页。

法律的支持。①

三 多渠道筹集历史文化遗产保护资金

首先，将非物质文化遗产保护所需经费列入本级财政预算，设立"非遗"项目保护专项资金和"非遗"传承人保护专项资金。其次，统筹本地资源优势，积极利用市场机制，对历史文化遗产资源进行科学开发、合理利用。最后，鼓励社会资本投入历史文化遗产资源的开发利用中来。

四 深入挖掘历史文化遗产资源的特色价值

首先，针对南京历史文化资源类型多、分布散的特点，需要分门别类进行科学评价，确定其价值特色。除采用文物保护单位保护方法以外，应探索更加多元的保护方式，以实现文物古迹的全面保护和积极利用。同时，利用都城城郭、历史轴线、文化脉络、山川水系等要素，串联整合各类历史文化资源，规划和实施老城历史文化游览步道系统，形成历史文化空间网络，整体彰显南京历史文化风貌。通过设立指引牌、标志牌、说明牌等，提高历史文化资源感知度。以史前、六朝、明代、民国、佛教等南京城特色文化为重点，保护和彰显南京各个历史时期的历史文化遗存。②

其次，发挥文物研究所作用，强化文博单位科研机构建设和人才培养。重视发挥南京高等院校和科研院所的人才优势和技术优势，建立联合研究中心，加强科技攻关，不断提高文化遗产保护科技水平，并注重研究成果的出版利用。加强与文化遗产保护技术先进的国际性科研机构和文博单位交流，引进当今世界最先进的文物保护设备和技术。③

最后大力加强博物馆体系建设。通过对人文历史资源的妥善保护和深入挖掘，集中建设一批精品博物馆，逐步形成历史、名人、非物质文化遗产、自然与科技等专题系列博物馆。加强中国科举博物馆、六朝博

---

① 《南京非物质文化遗产保护现状与对策研究》，第29页。
② 《南京文化遗产保护利用情况》，第6—7页。
③ 《南京市文广新（文物）局资料全整合》，第44页。

物馆、南京直立人化石遗址博物馆的开放程度，充分发挥其宣传教育作用。加快南大博物馆馆群、南迁文物博物馆、南朝石刻博物馆、明皇宫博物馆、城墙博物馆、孙权博物馆、佛教博物馆等特色历史文化场馆的选址、规划和建设步伐。与此同时，借鉴西安市博物馆事业中鼓励发展民办（行业）博物馆的办法，尝试探索鼓励民间力量加入全市博物馆事业的发展当中。[①]

五　健全非物质文化遗产保护体系[②]

建立完备的非物质文化遗产保护制度，有效保护与传承具有历史、艺术和科学价值的珍贵非物质文化遗产。进一步完善四级名录体系及保护机制，健全代表性传承人保护及传承机制，制定相关的鼓励政策。建设"南京非物质文化遗产数据库"和"南京非物质文化遗产网"，实现文化资源共享。建设一批南京市非物质文化遗产专题馆，建立一批非物质文化遗产保护、展示、传承、教育基地，着力推进非物质文化遗产生态保护区建设和南京云锦、金箔、金陵刻经、同仁堂中医药等重大非物质文化遗产项目的合理利用。积极推进在中小学设立非物质文化遗产保护课程，编写《非遗知识普及手册》，组织编写民族志，与高校、科研机构合作设立南京市非物质文化遗产研究基地，加强对南京市非物质文化遗产的课题研究。广泛开展非物质文化遗产保护的宣传教育工作，提高全民的文化遗产保护意识。

六　提高公众参与历史文化遗产资源保护的积极性

历史文化保护项目实行专家领衔制度。由具有相关保护经验的专家从项目规划总图到单体、施工图的设计，乃至在实施现场负责技术指导；建立专家委员会全过程论证监督制度，由专家委员会对设计方案、施工图等开展咨询论证，指导实施现场的重大问题。历史文化保护更新项目的规划和详细实施方案，应经专家论证和征求社会意见。批准的实

[①]　《南京市文广新（文物）局资料全整合》，第44页。
[②]　同上书，第45页。

施方案应进行公示，接受公众监督。① 此外，结合苏州市经验，招募历史文化遗产保护志愿者，动员年轻人参与文化遗产保护事业。南京是我国重要的科教文化基地，具有对青少年进行爱国主义教育的传统，这为在青少年中开展文化遗产教育奠定了良好的基础。

群众是文化遗产的创造者，又是文化遗产保护成果的享有者。文化遗产保护的实践证明，要谋求遗产地居民的参与，赢得他们的协助和支持，必须尊重居民的意向和选择权，妥善处理遗产保护和群众生产生活的关系。把文化遗产保护和城镇建设相结合，在改善人民群众生活环境的同时，提供文化生活的休闲空间，提高遗址地居民日常生活环境的质量，同时也为新文化的创造提供良好的物质空间环境与社会生活氛围。②

---

① 南京市人民政府：《南京历史文化名城保护规划》（2010—2020），第 30 页。
② 郑育林：《城市化背景下的大遗址保护与利用问题》，文物出版社 2014 年版，第 221 页。

第三章

文化基因与城市精神塑造

　　西方著名学者斯宾格勒（Oswald Spengler）认为："将一个城市和一座乡村区别开来的不是它的范围和尺度，而是它与生俱来的城市精神。"城市精神是一个城市在向世界展示她的人文与自然风貌的同时，展现出来的独特的、内在的风韵。城市精神应该是多元的、丰富的、精彩的，所表现的不仅仅是这个城市现在的精神风貌，还将充分体现这个城市的底蕴和未来图景。[①] 在江苏省文化建设"三强两高"指导思想的引领下，建设"强、富、美、高"新南京，不仅符合南京市民的热切期望，也是一项实际而又艰巨的任务。

　　近年来，南京的"新"体现在方方面面：综合实力迈上新台阶，创新驱动取得新成效，改革开放激发新活力，城市面貌呈现新形象，民计民生得到新改善等。而在未来，建设新南京需要更加全面、精准地把握城市定位和精神内涵，形成具有南京特质、意蕴丰富的城市精神，引领、激励和凝聚南京市民积极投身新的发展实践。本书在关注南京城市精神传承的基础上，通过对国内外具有代表性的城市精神进行梳理分析，提出南京城市精神构建的设计思路与方法原则，阐明在新时期的实践过程中如何塑造南京城市精神，以期为建设新南京提供思想支撑和精神动力。

---

　　① 陈柳钦：《论城市精神及其塑造和弘扬》，《太原理工大学学报》（社会科学版）2010年第9期。

第一节　城市精神与城市发展

　　城市精神是城市文化的重要组成部分，是城市文化的总结和提炼，是从实践到理性的高度升华，是对城市精神面貌、理想信念、价值取向等方面的概括和凝练。城市精神的塑造，往往会助力于城市特色的发掘，使得城市形象具有内核和生命力，从而令城市有更显著、更持久的识别性。早在 2003 年年初，南京就开展过市民精神的定位讨论，后形成了"开明开放，诚朴诚信，博爱博雅，创业创新" 16 字南京市民精神。有了这样一个"市民精神"，为何要提出"城市精神"？

　　应该说，两者是有区别的。一是历史起点不一样。市民精神讨论是在刚刚跨入 21 世纪后，是对"跨世纪"的一种文化回应。当时上海最先提出城市精神，此后国内掀起了塑造"城市（地区）精神"的热潮。如今的新时期南京精神的讨论，是站在新的历史起点上，在肩负迈上新台阶、建设新南京先行军大任的背景下，探讨南京所需要的一种具有激励和引领作用的新精神。这种精神必然要贴近新时期南京的目标要求，突出使命感、紧迫感、责任感，有强烈时代特征。两次讨论体现着不同时期的时代特点。二是主体界定不一样。前者是"市民"，后者是"城市"。这不是文字游戏，主体不同，其思考的向度也是不同的。"城市精神"相对于"市民精神"，涵盖面更为宽泛，目标导向更为明确。城市精神不但包括"市民精神"软件部分，也包括反映市民精神的城市硬件部分，如城市形象、城市现代化水平等。

　　城市精神包含着外在和内在两个方面。从外在看，城市精神表现为一种风貌、气氛、印象，表现在城市规划、建筑特点等物质中；从内在看，城市精神则更多地表现为一种市民精神，是城市民众群体集体性所拥有的气质和禀赋，体现着市民群体的价值共识、审美追求、信仰操守。它在久远的历史演进中逐渐形成，烙印着清晰的地域特点，真实地反映着地区的社会发展水平和文明程度。马克思主义哲学认为，意识对于物质具有能动作用。城市精神作为一种先进的意识，已成为一个城市经济社会发展的内在动力和重要支撑，也是人民群众精神风貌的集中体现。城市精神对城市发展的作用，包括但不限于文化灵魂、价值导向、资本源泉等方面。

一是文化灵魂的作用。城市精神是城市在长久的历史过程中的积累，渗透于城市文化的方方面面，代表着城市经济文化发展的方向，是凝聚全市人民力量的灵魂，对城市的持续发展能产生广泛而深远的影响。比如，重庆城市精神中最具代表性的元素——"烈火中永生"的红岩精神，诞生于抗日战争时期，带有鲜明的时代特点。红岩精神代表着崇高的思想境界、坚定的理想信念、强大的人格力量和浩然的革命正气。无论是在抗日战争的艰难阶段，还是在城市发展的辉煌时期，都起着激发市民热爱家乡、保卫家乡、建设家乡的强烈责任感和使命感的巨大作用，从而融入城市发展，成为重庆的"精、气、神"。

二是价值导向的作用。城市精神对内具有明确的导向性，有利于在市民中形成和谐相处、共同建设美好家乡的良好社会取向；对外具有很强的引领和辐射的作用，有利于城市的软环境建设，提升城市的品位，扩大城市的知名度，增强城市的核心竞争力。比如"世界之都"纽约，其城市性格中具有高度的民族融合特点。当地人保证了纽约的稳固和持续发展，而外来人则赋予纽约以创新和激情。纽约从 20 世纪 30 年代开始大规模修建城市基础设施，扩展了公共领域，让城市更加宜居。广泛地融合促进了更大的整体性，使纽约市民沉浸在城市精神里追寻自己的梦想，不断增强着纽约的生存力、竞争力和国际影响力。

三是资本源泉的作用。文化资源是一座城市富民强市的源泉和动力。城市精神作为城市特有的一种文化资源，能够通过城市文化资本的运作，将城市的精神文化资源转化为财富。如巴黎城市精神中的"浪漫"元素始于 1853 年，建筑师豪斯曼男爵开始大规模修建和完善城市基础设施，通过打造艺术展览空间、街角咖啡馆休闲空间、合理宜居的街巷尺度等举措，引领巴黎人不断浪漫城市、美化城市，让巴黎成为艺术殿堂级的城市。巴黎城市经济、城市文化的发展，正是得益于这种融入大街小巷的"浪漫"元素。

那么，新时期究竟需要什么样的精神？我们认为，这个除了"应当"考虑一些基本原则外，还应从时代要求、历史使命、城市地位三个维度加以考虑。无论做何概括，新时期的南京精神应该是一种体现刚健有为的向上精神、奋力争先的拼搏精神、勇于担当历史重任的顽强精神及着力实现广大市民利益诉求的奋斗精神。南京历史文化中不乏"刚建有为""担当历史重任""创大业""奋力争先"的优秀传统，应将它们作为文化底色，在此基础上勾画出"创大业，走前列，促发展，谋幸福"的新时期的南京城市精神。"创大业"，强调事业在先，重任在肩；"走前列"，强调首位意识，与江苏"三先"和南京"三争一创"的精神相吻合；"促发展"，是基于现实基础，发展是城市的生命；"谋幸福"，是城市的目的性要求和最终价值取向。在最终意义上讲，共同的利益诉求和价值目标，是精神凝聚力的核心。

第二节 绵延不绝的南京精神

在城市文明进程中，城市精神展现的是一座城市发展的生机。纵观南京城市发展史，每个阶段都传承着独具时代特质的城市性格和城市精神。

一 "博爱厚德"——南京城市精神的底色

"博爱"上承古代"仁爱""泛爱众"和"同胞物与"之胸怀，近承孙中山先生所倡导的"同进文明"。"博爱"思想融入南京文化，构成南京文化的一个重要历史环节。南京在二战期间遭受了深重伤害，在中国乃至世界率先提出"博爱"的精神，更显示出南京人的恢宏气度和博大胸襟，极大提升了南京的国际美誉度和影响力。"厚德"是中华文化的精神之魂，也是南京人兼具的道德品质。南京地处南北文化和南北交通的交会点，"人杂五方""南风北俗萃于一城"，造就了传统南京人兼具北方人豪迈慷慨、质朴粗放与南方人细腻柔和、聪颖灵慧的性格特征。比如，一句"南京大萝卜"，生动诠释了南京人憨直、朴素、热情的性格，待人不掺假。南京人富有正义感，市民英雄周光裕是南京人正义的化身。南京人遇事不急不慢，"不羡官家不羡仙，不羡钱财不羡权"，淡定从容，宠辱不惊。南京又独具山水形胜的文化特征，从"仁者乐山，智者乐水"的视角看，既有缘山而生的敦厚，又有因水而生的灵动。改革开放以来，南京大力推进精神文明建设和社会主义核心价值观培育，形成了十分亮丽的城市风范。可以说，南京的历史文化孕育了这座城市崇尚博爱、德泽育人、文明有礼的优秀品质。"博爱厚德"是作为世界历史文化名城的南京绵延发展的生命旋律，也是南京精神的精髓所在、希望所在。

二 "坚忍不拔"——南京城市精神的脊梁

数百年间，南京接受、捍卫和滋养以汉文化为主体的中原华夏文明。与中国其他古都不同，南京的独特性体现在它横跨大江南北，屡次承担过中华文明"救亡图存"的使命。一旦中原和北方遭遇游牧民族的致命性冲击，南京就会成为中原华夏文化的避难所；一旦国家重新恢复大一统的格局，南京就把文明的重心交还给中原大地。[1] 从"五胡乱华"后的"衣冠南渡"开始，在 100 多年的历史中，南京城从一个三国时代的繁华吴都，一举成为挽狂澜于既倒、救华夏文明于江左的雄关堡垒，成为代表传统中国的中心。后又历经东晋和南朝对中国南方的开发，到五代十国期间中原人士向南方的移徙，使得源自黄河的华夏文明在长江以南薪火相传，不仅"儒衣书服，斯文未丧"，而且进一步将其发扬光大。此后的宋代，是牛首山大捷、建康城之役等南京的战斗，使南北军事恢复了平衡，保住了南宋王朝一百年的"临时之安"。

南京尽管在历史上曾经屡遭劫难，但天灾人祸非但没有摧毁南京，反而造就了她薪火相传、辉映千秋的城市文明和坚忍不拔、自强不息的城市品格。在外族入侵的动荡关口，我们见证了南京城惊天动地的英勇抵抗和胜利反击。比如，东晋"淝水之战"的以弱胜强，一举遏制了北方少数民族不断南下的侵扰势头。又如，从文天祥到卢象升，从陈子龙到夏完淳，从崖山蹈海的宋人到江阴城不肯剃发的百姓，直至惨绝人寰的南京大屠杀，一千多年间，举凡汉民族抵御外族的战斗，总是在以南京为核心的江南地区展开。在最凶险和最血腥的历史关口，南京都展现出了惊人的勇气，不止一次地见证了时代的大转折。1912 年，革命先行者孙中山先生在南京宣誓就任中华民国临时大总统，标志着封建王朝的覆灭、共和时代的开始。1945 年 9 月 9 日，第二次世界大战中国战

---

① 叶皓：《重读南京》，《南京社会科学》2010 年第 1 期。

区受降仪式在南京黄埔路的中央军校大礼堂举行，标志着经过 14 年的苦战，中国人取得了抵抗外辱的最终胜利。1949 年 4 月 23 日，总统府上高扬的红旗，徐徐拉开中国现代史上最重要的转折大幕，预告了一个崭新中国的诞生。1978 年，南京大学的胡福明老师写出了《实践是检验真理的唯一标准》，为改革开放吹响了理论的号角。在中国的历史上，还没有哪一座城市像南京这样和中华民族的命运如此紧密地联系在一起。南京在见证了我们如何从失败走向胜利、从封闭走向开放的同时，也把坚忍不拔的品格深深地镌刻进城市精神中。[①]

三　"天下文枢"——南京城市精神的基石

南京是文学之都。南朝民歌、六朝文学批评、南唐词、明清长篇小说均独树一帜，独领风骚，影响深远。其中，《千字文》是我国最早的启蒙教材，《文心雕龙》是最早的文学界评论专著，《永乐大典》是最大的百科全书。东晋时，南京诞生了陶渊明这样具有里程碑意义的诗人。纵观南京文学史，从自信"天下才共一石，子建独占八斗，吾占一斗，天下才共分一斗"的谢灵运，到"清新庚开府，俊逸鲍参军"的庚信、鲍照；从南朝梁武帝长子萧统主编《昭明文选》，到后主李煜被誉为"千古词帝"；从《世说新语》，到南朝文学批评巨著《诗品》的诞生，上承下启，蔚为大观。隋唐时，南京已经开始呈现出"天下文枢"之气象。除了催生出中国文学的大量传世名作，南京本身已经成为被反复抒写的重要主题。四大名著中，就有三部和南京城有关。"诗仙"李白传世的 800 多首诗，就有近 200 首与南京有关。

南京是书画之都。从有"才绝、画绝、痴绝"之称的顾恺之到"器度巧绝""百工所范"的戴逵，从以龚贤为首的"金陵画派"到近代南京画界诸如徐悲鸿、傅抱石、刘海粟等大师群星灿烂，南京在中国书画史上留下了华彩篇章。

南京是佛教之都。汉传佛教主要有八个大乘宗派，其中法眼宗，源于南京的清凉山；三论宗的祖庭，在南京郊区的栖霞寺；牛头宗的发祥地，是南京雨花台外的牛首山；天台宗的创始也与南京息息相关。在南

---

① 叶皓：《重读南京》，《南京社会科学》2010 年第 1 期。

京长干寺地宫的考古发现中，阿育王塔供奉着佛徒们顶礼膜拜的佛顶骨舍利。被称为"近代佛教复兴之父"的杨仁山所创立的金陵刻经处，一直是世界性汉文木刻佛经出版中心，被联合国教科文组织认定为世界非物质文化遗产。[①]

南京更是科教中心。南京在科举史上具有举足轻重的地位。明清两朝，六百年里江南才士辈出，以至清朝一半的状元、一半的国家官员，出自在最大的科举考场江南贡院举行的乡试。"南闱"之盛，曾让北京黯然失色。正如令清代股肱之臣曾国藩生平所引为自傲的，不是以汉人而封一等侯爵，而是能够在金陵城开科取士，看天下英才尽入其彀。可以说，文化的传承，成为南京城市精神演进中的特殊基因。

四　"创新创优"——南京城市精神的追寻

纵观中华文明史，南京在文学、艺术、科技、工业和建筑等诸多领域，创造了许多独开先河的卓越成就，显示了持久而非凡的创造力。数学家祖冲之最早提出了密率值计算，郑和七下西洋创造了世界航海史的壮举，明城垣是世界上最长的古城墙，大报恩寺琉璃塔是中世纪世界七大奇迹之一。改革开放以来，南京秉承"敢为天下先，勇立潮头上"的精神，不断创造卓越与非凡，先后研制成功我国第一套自行设计的50万伏电力载波机、中国第一台XJW-1型万能金相显微镜、中国第一套微机控制的数字实时频谱分析仪、国内第一台20兆电子伏直线加速器治癌机、亚洲第一台大型天文光谱仪、世界上第一台转桶式洗衣机等。当历史的车轮骤然驶进21世纪，南京创业创新的步伐仍没有停歇，准确把握时代发展脉搏，率先在科技、体制、制度和管理上创新突破，不断赋予城市新的发展动力和活力，使创新成为发展最突出的亮点。同时，南京青奥会在许多方面进行了大胆探索。例如，在办赛理念上实现创新，将运动竞赛和文化教育深度融合，把文化教育活动提升到与赛事同等重要的位置，"不比硬件比软件"，组织开展了"奥运梦之旅""世界梦之旅""中国梦之旅"和"青春梦之旅"4个系列4837场文化教育活动，超过100万人次走出赛场，在游戏中学习，在互动中交流；在

---

① 叶皓：《重读南京》，《南京社会科学》2010年第1期。

赛事组织上实现创新，强调回归体育本源，不设奖牌榜、创新赛制、混
搭组队，新增"体育实验室"，让广大青少年充分享受体育带来的快
乐。近年来，南京正加快构建具有特色的区域创业创新体系和现代产业
体系，全力打造创业创新体系健全、要素集聚、人才涌现、机制完善、
文化活跃、成效显著并具有国际影响力和竞争力的中国人才与科技创新
名城。可以说，无论历史如何沧桑巨变，朝代如何更迭兴替，"追求卓
越、止于至善"的创新创优精神都是南京城市精神最基本的元素。

第三节 国内外城市精神的三种类型

国内外各个城市的城市精神表述不一，条目繁多，若对这些城市精
神的设计思路进行细分，可大致总结为地域人文型、时代导向型和继往
开来型三种类型，如表3—1所示。

表3—1   城市精神的定位类型

定位类型	代表城市	城市精神
地域人文型	福州	"海纳百川，有容乃大"
	重庆	"登高涉远、负重向前"
	长沙	"心忧天下，敢为人先"
时代导向型	成都	"和谐包容、智慧诚信、务实创新"
	青岛	"诚信、博大、和谐、卓越"
	深圳	"开拓创新、诚信守法、务实高效、团结奉献"
	纽约	"高度的融合力，卓越的创造力，强大的竞争力，非凡的应变力"
继往开来型	上海	"海纳百川、追求卓越、开明睿智、大气谦和"
	苏州	"崇文、融和、创新、致远"
	昆明	"春融万物，和谐发展；敢为人先，追求卓越"
	伦敦	"历史与现实的和谐统一，人与自然的和谐统一，坚强不屈的抗争精神"

一　地域人文型

地域人文型的城市精神通常是回顾性的概括，偏重历史人文精神的定位，其概括多数是基于对城市历史文化优势的考虑，突出了地域性特点。但缺点是时代性不够明显，缺乏一定的价值导向和目标引领力。

（一）福州——"海纳百川，有容乃大"

2008 年 7 月，福州先贤林则徐的名言"海纳百川，有容乃大"，因其历史源远流长，意境隽永独特，文字简练精美而获得广泛认同，最终获选福州城市精神表述语。

"海纳百川，有容乃大"出自林则徐的名联"海纳百川，有容乃大；壁立千仞，无欲则刚"。林则徐，福建闽侯人（今福州），伟大的民族英雄，领导了轰轰烈烈的禁烟运动，永垂青史。同时，他组织编译《四洲志》等外文书籍、资料，开创了中国近代学习和研究西方的风气，是中国近代维新思想的先驱，被誉为"中国开眼看世界第一人"。

"海纳百川，有容乃大"这句名言天下尽知，但知道出自林则徐手笔的人并不多，将其定为福州城市精神表述语，可以广而告之。从某种程度上说，这句话就是福州的"专利"，名城出名人，名人立名言，名言表名城，相得益彰。

（二）重庆——"登高涉远、负重向前"

2009 年 5 月，重庆正式确定城市精神为："登高涉远、负重向前"。

"登高涉远、负重向前"暗含了大山大江这一重庆城市精神的核心要素，有鲜明的地域特征。这一表述语让人一看就知道它指的是一座江山之城。大山大江是重庆独有的城市环境。大山是重庆的傲骨，大江是重庆的柔情。它们决定重庆人的生存方式，孕育重庆人的文化特色，塑造重庆人的性格特征。这座城市的精神特征源自大山大江的滋养和培育。

"登高涉远、负重向前"浓缩了重庆人历久弥新的精气神。这一表述语形象地展示了重庆人长期在大山大江之间求生存所磨砺出的愚公移山的恒心、勇于攀登的意志，逆水行舟的顽强、急流勇进的胆略，开放兼容的胸襟、放眼天下的视野，体现了重庆人民志存高远、豪情万丈、无限宽广的博大胸怀。它是重庆人从远古走到今天，从今天走向未来，都必须具备的精神状态和永久的精气神。①

（三）长沙——"心忧天下，敢为人先"

1995 年长沙市民经投票，确定长沙精神为"心忧天下，敢为人先"。

"心忧天下"说的是世界观问题，体现了从屈原、贾谊到杜甫、柳宗元，一直到新民主主义时期的历代先贤英烈的"先天下之忧而忧，后天下之乐而乐"的忧乐观、生死观。左宗棠曾说过"身无半亩，心忧天下"，毛泽东也说过"身无分文，心忧天下"的话。至于"敢为人先"，则是方法论的问题，古城长沙，在建设现代文明的历程中，仍要"敢为人先"，把历史和现实结合起来，敢争天下第一，敢于担当天下大任。

二　时代导向型

时代导向型的城市精神一般是引领性的建构，这种致思倾向于新的价值取向与目标的设定，时代性特点突出，注重现实需要及未来发展的目标要求，注重精神的先导性和引领性。但局限是缺失城市人文特点特征，城市文化个性体现不明显。因此，可能会在广泛的认同性方面大打折扣。

（一）成都——"和谐包容、智慧诚信、务实创新"

2005 年 1 月 27 日，成都城市精神揭晓："和谐包容、智慧诚信、务实创新"。成都人崇文重教、平和友善的处世风格营造了团结和睦的城市氛围，以开放、包容的胸襟气度广泛吸纳外来文化，塑造了成都精致但不失大气、广博而又高雅的文化品位。智慧诚信是成都突出的城市品格。成都地处四方交汇之地，外来文化与丰富的想象力相结合，使成都人充满灵性和智慧，形成了善于创新、敏于把握时代风尚的传统。成都人聪明伶俐，富有情趣。

（二）青岛——"诚信、博大、和谐、卓越"

2006 年 12 月 23 日，青岛城市精神公布："诚信、博大、和谐、卓

---

① 中共重庆市委宣传部理论处：《登高涉远　负重向前》，《重庆日报》2009 年 2 月 2 日。

越"。

"诚信、博大、和谐、卓越"的青岛精神,既准确地把握了青岛的人文特色、思想胸怀,又充分反映了城市的天然特征、固有性格;既体现了新世纪青岛人的开放格局、发展模式和创业观念,又表达了青岛人的生存状态、价值取向和不懈追求。

(三)深圳——"开拓创新、诚信守法、务实高效、团结奉献"

"深圳精神"形成于 1990 年,原为"开拓、创新、团结、奉献"的八个字。2002 年 3 月至 8 月,深圳市开展了"深圳精神如何与时俱进"大讨论活动,深圳市委常委会集中全市人民的建议意见,经过慎重研究,确定新的深圳精神是"开拓创新、诚信守法、务实高效、团结奉献"。

(四)纽约——"高度的融合力,卓越的创造力,强大的竞争力,非凡的应变力"

纽约是一座国际化大都市,直接影响着世界的经济、政治和文化。作为一座典型的移民城市,开放、包容、多元的精神,使纽约成为世界城市。

纽约自由女神像的花岗岩底座上,镌刻着美国女诗人埃玛·娜莎罗脍炙人口的十四行诗《新巨人》,可以说代表了纽约精神:"欢迎你,那些疲乏了的和贫困的,挤在一起渴望自由呼吸的大众。那熙熙攘攘被遗弃了的可怜的人们。把这些无家可归的饱受颠沛的人们一起交给我,我站在金门边举灯相迎!"

三 继往开来型

继往开来型的城市精神即为一种兼顾性的概括,既继承历史人文精神,又体现新时期开拓创新的导向,走两者兼顾的"第三条道路"。

(一)上海——"海纳百川、追求卓越、开明睿智、大气谦和"

上海城市精神最早的官方表述是"海纳百川""追求卓越"。在 2007 年 5 月召开的市第九次党代会上,时任上海市委书记习近平新增了"开明睿智"和"大气谦和"的表述。现在,官方在提及上海城市精神时,一般都会使用"海纳百川、追求卓越、开明睿智、大气谦和"的说法。

（二）苏州——"崇文、融和、创新、致远"

苏州于 2006 年 12 月 11 日确定了"崇文、融和、创新、致远"的城市精神。

"崇文"反映的是苏州作为全国首批 24 个历史文化名城之一，乃名副其实的人文荟萃之地。"融和"是指苏州所要宣示的是开放与包容并存的理念以及和谐的发展追求。"创新"是指改革开放以来，苏州凭一股"四千四万"精神，叩开了工业时代的大门；在全面推进"两个率先"的进程中，苏州在生动实践"三创"精神的同时，创造了"张家港精神""昆山之路""园区经验"三大法宝。致远是指苏州一直在探寻和追求"宁静致远、内敛不张扬"的境界。

（三）昆明——"春融万物，和谐发展；敢为人先，追求卓越"

2005 年 7 月 31 日，昆明市正式把"昆明精神"的表述语确定为"春融万物，和谐发展；敢为人先，追求卓越"。春融万物，代表了昆明精神的形象气质。春城是昆明人独有的名片，最突出的形象是温暖和光辉。和谐发展，代表了昆明精神的风格特征。历史上昆明经历一次又一次大规模的移民，一直处在多元文化的交汇点上。敢为人先，代表了昆明精神的气势风骨。昆明从古到今敢为人先的英雄辈出，敢为人先的功绩不尽。追求卓越，代表了昆明精神的品格目标。历代城市建设追求美轮美奂，东西寺塔、圆通寺和筇竹寺的雕塑堪称建筑经典；音乐家聂耳、舞蹈家杨丽萍，在中国音乐史和舞蹈史上，都写下了重重的一笔。

（四）伦敦——"历史与现实的和谐统一，人与自然的和谐统一，坚强不屈的抗争精神"

伦敦有着厚重的历史文化传统。虽然第二次世界大战期间，伦敦遭受德国飞机的狂轰滥炸，数万人丧生，但伦敦人并没有屈服。二战结束 70 多年后，伦敦已经是世界金融中心、创意之都和时尚之都。

第四节　南京精神构建的思路与原则

通过对国内外城市精神的梳理分析可以发现，地域人文型、时代导向型和继往开来型三种类型的城市精神设计思路，单纯地域人文型的城市精神缺乏时代性和价值导向，而单纯的时代导向型城市精神也有城市文化个性缺失的局限。因此，走两者兼顾的"第三条道路"，也就是既继承历史人文精神，又体现新时期开拓创新的导向，应当成为南京城市精神建构的总体设计思路。

目前，在如何提炼城市精神的问题上，可以说是见仁见智。但在方法原则问题上，基本趋于一致：历史性原则，使城市精神具有文化植根性；现实性原则，使城市精神体现社会发展的客观要求；未来导向性原则，使城市精神体现未来发展的价值导向；差异性原则，使城市精神体现出独特的个性特征；认同性原则，使城市精神得到市民的广泛认同；通俗性原则，使城市精神的概括能够便于传播。

那么，结合南京城市形象与城市文化的发展情况，怎样来提炼新时期南京城市精神？为了保证南京城市精神定位的科学性，须提出以下五大城市精神构建的方法原则。

第一，时代精神下的历史使命感原则。要明确新时期南京城市精神是一种时代性价值建构。我们界定的是新时期南京精神，这就要特别关注三个问题。一是突出体现历史使命感。新时期"三创三先"的江苏精神蕴含了江苏在全国率先实现全面小康，率先开启现代化新征程所承担的历史使命和责任。南京作为江苏的省会城市，其历史使命和承担的责任是不言而喻的。二是突出体现时代意识，突出新时期的时代要求。这种精神既需要体现历史文化中优秀的文化因子的继承，更需要体现创新的时代精神。三是强化"创业"意识，突出务实精神。这是基于对南京发展的现实需求和时代要求的深刻思考，也是对未来发展的远瞩。应该说，"创业"是基础性、第一位的。没有事业做基础，其他的就是空谈。

第二，未来发展大势的引领性和导向性原则。新时期南京城市精神与南京城市文化特色虽有联系，但两者不是一个概念。作为南京城市文化特色的反映要求是历史之"是"，作为新时期南京城市精神则更多地强调未来之"应当"。前者注重总结，后者注重建构。当然，最理想的结果是在总结历史文化特色、提炼出优秀文化传统精神的基础上，做到"是"与"应当"的高度统一。诚然，南京是一个历史文化名城，文化积淀十分厚重。南京城市文化的最大特点是包容性和融合性。南京城市既有历史的辉煌，又有历史的曲折。正反证明都可以在其历史中得到印证，这也是一个比较纠结的问题。这次新时期南京精神的提炼，实际上是站在南京城市发展的新历史起点上的一种新精神的倡导，一种新价值取向的选择，其核心的功能在于对未来的"引领"。

第三，多文化要素整合化的原则。城市精神的表述应该成为城市的符号构成之一。很多城市历史悠久，文化内涵层次多，内容丰富，所涉范围十分广泛。面对城市丰富的文化意涵，必须进行一定的提炼，提取出能够总结城市特殊性与优势的城市精神要素。

第四，创造市民心理归属感的原则。一个人是否热爱自己生活的城市，首先是能否有心理归属感，能否把城市当作自己的家园。城市精神的构建，就是把城市塑造成"城市是每一个市民的家园"的感觉，产生传统意义上"根"的情节。

第五，价值理念上"没有最好只有更好"的原则。对新时期南京城市精神的提炼概括，通过市民投票、专家和各界人士的热烈讨论，已有了一些意见比较集中的条目。但这些条目很难称得上尽善尽美。这就需要遵循民主集中制原则，选取贴近南京现实发展要求，贴近于南京未来发展，具有较强引领性和导向性的条目。

第五节　南京精神塑造与践行的路径

当前和未来锤炼塑造南京精神，是一项长期、系统、复杂的艰巨工程，功在当代，利在千秋。本书认为，要以价值认同为导向，以文化教育为手段，以发展实践为抓手，以平台载体为支撑，以制度创新为保障，协力协同，共同塑造。

一　凝聚南京城市价值的广泛认同

近年来，提炼、发布城市精神用语成为各地潮流，许多地方政府为此耗费了大量的人力、物力和财力。但是城市精神用语确定、发布后，往往不了了之，没有下文。

塑造南京精神必须要"激活"广大市民公认的价值观，使南京精神特质真正转化为各行各业共同的价值理念和行为方式。注重把塑造南京精神与践行社会主义核心价值观、全面提高公民道德素质等紧密结合起来，通过多种形式，利用各类平台，加大宣传引导力度，切实增强南京精神特质的知晓度和认同度。注重加强理论研究，把南京精神研究课题列入哲学社会科学研究规划，不断强化新时期南京精神融入党员干部群众生动实践的理论性研究，不定期召开社科理论界专家座谈会，举办征文活动，推出有分量的研究成果和理论文章。同时，编发学习材料和普及读物，组织宣讲团深入各区、机关、企事业单位开展主题宣讲活动。注重打造品牌效应。利用传统和新媒体，打造和提升"诚信南京""创赢未来""博爱南京""法治南京""和谐南京""绿色南京""生态南京"等宣传品牌，推动南京精神特质深入人心。注重提升市民的文化素质、科学素质和理论水平。大力推进学习型城市建设，形成覆盖城乡、惠及全民的学习网络和服务平台，"重学习、爱学习、善学习"和"想创新、敢创新、能创新"成为市民普遍行为和城市发展重要理念，基本建成"氛围浓厚、人才荟萃、充满活力、富有品位"的学习型城市。例如，政府向包括外来务工者在内的全体市民发出"学习总动员"的倡议，建立职工读书会，由政府给每个市民素质工程点设置一个流动读书站，以方便职工读书借书，提升精神境界。"知识就是力量"这句格言，可成为南京构建学习型城市及未来持续发展的新引擎。

二 激发南京城市文脉的持续活力

南京文化是南京精神之体，南京精神是南京文化之魂。一座城市的精神，是深植于当地独特的文化土壤中的，是对城市文化价值的新认识。塑造南京精神，关键是加快推进文化体制改革步伐，着力推动南京文化创新发展。

要深化文化行政管理体制、国有文化资产管理体制、互联网管理体制改革，着力构建顺畅的文化宏观管理体系；要深化公益性文化事业单位内部改革，统筹推进市、区、街（镇）和社区（村）四级公共文化设施建设，加快形成文化服务均等享受、文化发展同步推进的城乡文化一体化发展格局，加大政府购买服务力度，引导鼓励社会力量参与公共文化服务，着力构建优质的公共文化服务体系；要着力培育合格文化市场主体，加快形成文化企业"顶天立地""铺天盖地"发展之势，同时加速建立多层次文化产品和要素市场，加强文化知识产权保护，鼓励文化原始创新，着力构建完备的现代文化市场体系。要系统整理挖掘南京优秀传统文化资源，做好苏南现代化建设示范区文化遗产保护试点工作，着力打造大报恩寺遗址公园、牛首山文化旅游区、科举博物馆等一批文化遗产保护开发旗舰项目，积极振兴和发展民间文化，着力构建科学的优秀传统文化传承体系。要搭建以奥林匹克精神、奥林匹克运动为纽带的文化交流平台，并主动配合国家"一带一路"发展战略，推动南京文化更快更好地走出去，同时要努力拓宽对外文化交流渠道，扩大对外文化贸易，提升文化合作交流平台，尤其要利用名城会、紫金山峰会文创论坛等平台，着力构建先进的文化对外传播体系。总之，要将南京打造成为中华文化复兴重要承载基地、中华文化基因南方保护中心、对外文化合作交流节点城市、具有时代魅力的世界历史文化名城。

三 推进城市文明的多层纵向深化

需要深刻理解城市精神创建的含义，文明是基础，良好的市民精神气质是目标，需要从行为、理念、技能全方面提升南京市的文明文化氛围。南京市与其他城市相比，拥有丰富的教育资源，应充分挖掘教育资源对城市精神构建和市民文明水平提升的促进作用，推进城市精神在各年龄层市民群体中的纵向深化发展，尤其应突出对儿童的文明教育。

城市精神建立在城市文明的基础上，文明习惯需要从孩子抓起，建议建立从幼儿园到中学再到大学的文明教育课程体系，并将文明诠释为广义的文明，包括文明礼仪、生态文明、行业文明等，使孩子对文明有广泛、系统的了解。长期规划中，南京市要形成独具特色的文明教育体系。文明行为从娃娃抓起，南京市作为教育大市，应建立起一整套稳定、规范、有效的文明教育体系，使下一代能够从一个规范合理的体系中充分了解到文明的含义，这对提高市民素养、城市精神文明水平和社会和谐度有极大的促进作用。

具体的针对不同年龄层的文明教育体系，可包括：第一，在全市小学开设城市文明行为理念与技能课程，传授文明行为。对低年级学生开设专项课程，加强教育引导。如垃圾具体如何分类、如何节约能源等行为技能，从下一代开始普及文明行为知识技能。孩子往往更加容易接受新鲜事物，相信通过学校和教师的教育与引导，由孩子带动对家庭其他成员的行为改善能够起到更加有效、持续性的作用。从小培养孩子文明的行为方式，不仅对下一代人有根本性的影响，对其父母、长辈也将发挥很大的反哺效用。第二，在南京市区内各个公交车站设立儿童文明礼仪训导员，向儿童宣传文明行为。在等车间隙，可由儿童文明礼仪训导员主动出示工作证，与儿童沟通交流，教授礼仪，并准备糖果等作为互动小礼物。还可发放针对儿童设计的文明礼仪宣传手册，印有文明用语的气球、卡片、贴画等。第三，组织社区文明形象代言人评选，评选社区文明大使、文明小天使。在社区中组织评选社区文明形象代言人的活动，在成年人中评选出社区文明大使，在孩子中评选出文明小天使，作为社区文明形象的代言人，展示社区文明礼仪风采，协助纠正社区中不文明的行为，帮助社区开展文明教育活动。第四，成立老年文明礼仪队，组织老年志愿者深入各街道社区、公共场所、企事业单位进行文明宣传活动。老年文明礼仪队可承担文明礼仪、卫生常识进机关、进社区，上街宣传和劝导不文明行为的义务。可进行沿街宣传，对乱摆放摊点、乱停车辆等不文明行为进行劝导；也可进入社区入户宣传，把文明礼仪常识带进社区。

四　融入建设全新南京的生动实践

城市精神只有和实践结合才是鲜活的，脱离了社会实践的城市精神只能是无源之水、无本之木。应把践行南京精神作为各区、各部门、各系统当前和今后一个时期的重要任务和光荣职责，紧密联系本地区、本部门、本单位工作实际和广大干部群众思想实际，坚持学以致用、重在践行。要把锤炼和锻造南京精神与加快"迈上新台阶、建设新南京"结合起来，将南京城市特质有效融入全面推进综合改革、全面推进依法治市、全面促进创新驱动的生动实践，努力为建设"强富美高"新南京，凝聚强大的精神力量。

要把锤炼和锻造南京精神与各行各业建设发展结合起来，各行各业要广泛开展爱岗敬业、岗位练兵活动，比争优创先，比道德公德，比创业创新。例如，可评选标准服务行为示范群体，在各行业、各部门中开展服务行为示范员的评选，评选出千人标兵，作为典型和榜样，供其他服务人员学习。面向全市征集城市文明用语，规范各行业、各单位文明宣传用语，尤其注意政府、企业和校园精神文明创建宣传标语的规范性与内容，针对学校、企业和政府免费发放不同版本的双语文明用语手册，各公共场所的中英文标识应规范、统一，避免出现翻译错误与错别字，文明用语手册的内容向全区市民征集，选取入册，充分调动南京市市民的积极性。在全区建立家庭文明手册，规范居民的文明行为，尤其注意家庭中、邻里之间、公共场所的文明行为，规范要具体详细。如在家庭中不吵架，邻里间融洽等，对南京市市民提出高素质文明人的高标准、高要求。着力引导广大干部群众从我做起，以培育"南京精神"为动力，自觉做好新南京人，自觉铸造新南京城市之魂，特别是引导广大青少年汲取南京精神之特质，争做南京文化、南京精神的践行者、传承者。要把锤炼和锻造南京精神与开展党的群众路线教育实践活动结合起来，坚决反对和摒弃"四风"，以南京特有的城市品格营造风清气正的干事创业环境，为"创率先大业、建人文绿都"锻造具有南京精神的南京力量。

五 建设人文精神教育的阵地载体

如果缺乏继承和信守，那么任何一种精神都可能变为"空壳"。为此，建设南京精神赖以存续、传承和发展的动力和载体是重中之重。首先，要把南京高校作为南京精神最重要的载体。南京是高校云集之地，各类高校有 54 所之多。高校独具"人才培养、科学研究、社会服务、文化传承"四大职能。可以说，南京高校一方面承载了南京精神赖以延续的青年骨干群体，南京精神在高校中找到了"必须依靠、值得信赖、可以放心"的对象化的人格主体；另一方面，南京精神的存续发展特别是现实中人们的言行践履，需要南京高校发挥自身优势，做好人才培养教育工作的同时，发挥其社会良好品行的表率示范作用。形象地说，南京高校本身就是南京精神的"大熔炉"，是南京精神的教育、传承、践行的重要阵地和载体，必须把"南京精神"有效纳入南京高校大学生思想政治教育的全过程，并在南京高校中要组织形式多样的针对南京精神的学习研讨活动和丰富多彩的生动实践活动，切实使南京各大高校成为南京精神的重要承载者和彰显者。其次，要把社区作为南京精神最基本的阵地。社区作为市民的基本生活空间，是人们迈出家庭参与社会交流的第一空间，也是参与城市精神建设实践的具体空间，是南京精神塑造的主要阵地与窗口。进一步拓展社区居民委员会的工作职能，通过扶持弱势群体，对外来务工、经商人员进行南京精神的培训，强化其责任感和进取心，使之为塑造南京精神做出应有的努力。要在社区大力提倡健康向上、符合时代潮流的价值观，逐步形成以南京精神为核心的新市风。要将南京精神塑造工程和文明社区创建结合起来，以点带面，使南京精神传播蔚然成风。要通过一系列的社区活动和相互交流，使广大市民在非工作岗位的生活氛围中自觉地践行城市精神，从而增强对自己城市的热爱，提高对自己城市的认同度，使之成为促进南京经济和社会发展的推动力量。

六　提升文化自信自觉的深度实践

通过新时期南京城市精神的建构，可以帮助南京最终实现南京的"城市自觉"，这既是城市精神建构的重要顶层设计原则，又是城市精神建构的核心目标诉求。城市自觉是从社会学家费孝通提出的"文化自觉"的概念延伸而来的，是一个城市不断认识自我、突破自我、不断创新的关键所在。而城市精神的建构恰恰是"城市自觉"的最核心认知和最集中表述。换言之，城市的独特精神气质是这个城市具有、形成、彰显自身"城市自觉"的重要形式。

怎样让弘扬城市精神成为一种文化自觉？研究和传播地方传统文化，既有用武之地，又是题中之义，是一种责任。研究传统文化要为现实服务，为形成现代的共同价值观服务，为形成和弘扬城市精神服务，就是服务的一个重要内容，应该成为一种研究自觉。我们不反对钻进"故纸堆"，为研究传统文化而研究，也不赞成事事都要联系实际；但可以也应该提倡古为今用，把研究传统文化与为现实服务联系起来，为形成和弘扬城市精神提供强有力的智力支持。

新时期南京城市精神的构建，实际上意味着南京作为一个城市具有了"自觉""自为"的意识，是南京在今后实现对自身精神和文化特色的主动建构和主动输出的一个指导路径。可以说，城市自觉是城市发展的应有之义，更是应对新型城镇化诸多要求的核心环节。在未来的全球城市体系竞争中，拥有"城市自觉"的城市，才能够实现主动参与、主动介入与主动输出。

　　让弘扬城市精神成为一种文化自觉，需要长期不离不弃地做好两方面的工作。第一，要将研究传统文化作为一种基础工作，多为城市精神做支撑，提供大量的优秀传统文化，包括观念的、思想的、典范的、人物和事例的、艺术形态的等多种形式，形成城市精神的乡土教材，入学校、入企业、入街巷、入人心。第二，对传统文化要做鉴别工作，区分精华与糟粕、适时与不适时，取其精华，舍其糟粕，舍为了取，弃为了得，取精神，得精华。

第四章

"一带一路"文化资源与城市形象传播

2013 年，习近平主席中亚四国之行期间，首次提出共同建设"丝绸之路经济带"和"21 世纪海上丝绸之路"的构想之后，中国"一带一路"倡议不断升温。当前，"一带一路"倡议已从理论设计、总体框架到完成战略规划，开始进入务实合作阶段。从路上到海上，从构想到国家战略，从中央到地方，"一带一路"倡议正在落地。

第一节　南京城市形象传播的历史机遇

丝绸之路这一概念最早由 19 世纪普鲁士地理学家李希霍芬（Fendinand Von Richehofen）使用，在此以后，得到了世界各国学者的广泛认同和高度关注。"海上丝绸之路"是相对陆上丝绸之路而言的，由日本学者三杉隆敏在他 1967 年出版的《探索海上丝绸之路》的专著中初次提及，此后这个概念被学术界普遍接受。①

对于海上丝绸之路的概念，学者们持有相似的观念，而关于 21 世纪海上丝绸之路为何遗漏南京，产生了激烈的讨论。海上丝绸之路自秦汉时期开通以来，一直是沟通东西方经济文化交流的重要桥梁。东南亚地区自古就是海上丝绸之路的重要枢纽和组成部分。古代海上丝绸之路从中国东南沿海，经过中南半岛和南海诸国，穿过印度洋，进入红海，

---

① 冯定雄：《新世纪以来我国海上丝绸之路研究的热点问题述略》，《中国史研究动态》2012 年第 4 期。

抵达东非和欧洲，是中国与外国贸易往来和文化交流的海上大通道。中国向世界各地输出丝绸、瓷器、茶叶、香料等货物，形成一股持续吹向全球的东方文明之风。唐代，我国东南沿海有一条叫作"广州通海夷道"的海上航路，便是我国海上丝绸之路的最早叫法。宋元时期，中国造船技术和航海技术的大幅提升以及指南针的航海运用，全面提升了商船远航能力。这一时期，中国同世界许多国家有着直接的海上商贸往来，引发了西方世界一窥东方文明大航海时代的热潮。作为郑和下西洋的策源地、江苏省省会南京并未被列入海上丝绸之路重点建设城市，这并不意味着南京将在"一带一路"倡议中缺席。2016 年 3 月 24 日，国家文物局正式确定，泉州、广州、宁波、南京四城共同谋划推进海丝申遗工作。

在海上丝绸之路的开辟时间及分期方面，学者们早就有激烈的讨论（如陈高华、陈炎、姚楠等先生）。2002 年，林士民、沈建国在《万里丝路——宁波与海上丝绸之路》①的前言中，以宁波的海上丝绸之路为例，把海上丝绸之路分为如下几个时期：海上丝路的启蒙期、海上丝路的开通期、海上丝路的发展期、海上丝路的鼎盛期、海上丝路的禁滞期、海上丝路的萎缩期及新海上丝路的腾飞期。

对于海上丝绸之路的始发港口问题，可以说是学者争论得最激烈的问题，其中发文争论最多的是泉州、广州、雷州和北海。

海上丝绸之路与南京的渊源极深。周运中在其文章《宋元之际上海的兴起》中认为，海上丝绸之路的兴起和古代中国经济重心的南移是紧密联系的。②中国历史上最为剧烈的大动荡，当推魏晋南北朝，继而有北方五胡十六国。相较而言，东晋之后建立的宋、齐、梁、陈等南朝，处于安定的长江流域，而南京则是南迁政权的建都所在。冯定雄③认为，北方人口大量南迁，这不但为此后南方经济的发展提供了充足的劳动力，而且带去了农业、手工业的先进生产技术，更有通过南北人口联

---

① 林士民、沈建国：《万里丝路——宁波与海上丝绸之路》，宁波出版社 2002 年版，前言。

② 周运中：《宋元之际上海的兴起》，《学术月刊》2012 年第 3 期。

③ 冯定雄：《新世纪以来我国海上丝绸之路研究的热点问题述略》，《中国史研究动态》2012 年第 4 期。

姻等方式，促进了民族大融合，从而在孙吴、东晋原有的基础上，江南经济得到显著的发展，南京越来越在中国历史上扮演主要的角色。林瀚认为，在中国历史上两次经济重心南移、民族大融合的过程中，有两件事对形成海上丝绸之路至关重要：一是隋炀帝开凿大运河，使其成为南北商业交通的大动脉，为中外海上贸易提供了便利。二是造船业跃上新的台阶，隋代造过高 4 丈 5 尺、长 20 丈的大龙舟；今人所谓的海上丝绸之路，始于宋元，延至明清。① 北宋时期，我国的对外贸易比唐代更为繁荣。郑宽涛认为，由海上丝绸之路来中国通商的除阿拉伯诸国外，还有日本、朝鲜、印度支那半岛、南洋群岛和印度各国。② 大量的商品交流之后，双方的文化乃至宗教也得到了广泛交流。在南宋和元朝，我国的造船业不断发展，到了明朝，定都南京，造船业趋向发达，从而促成了举世震惊的明代郑和七次下西洋。在冯定雄的《新世纪以来我国海上丝绸之路研究的热点问题述略》一文中，他认为目前国内对于"一带一路"的研究可谓是汗牛充栋。对于海上丝绸之路的研究往往将侧重点放在国家间的交流，注重政治、经济等方面的交流。显而易见的是，对于地方文化通过陆上丝绸之路和海上丝绸之路对他方文化的影响研究，并不是很充分。

　　"一带一路"倡议提出后，关于 21 世纪海上丝绸之路的研究开始涌现。张远鹏等认为，"一带一路"促进东西双向开放，对内对外开放新空间，长江经济带也是一样。③ 在设施联通方面，江苏的建设重点是共建上合组织出海基地，完善亚欧大陆桥物流通道；构建战略物资海运大通道，沿海沿江战略物资储备中转基地；构建江河海一体的港口体系，空港和"一带一路"航线，加大信息基础设施建设。同时，国家也加强了对于江苏的基础设施建设，目前江苏省境内在建铁路项目共有 8 个，2017—2018 年两年将新开工 5 个。南京到启东的铁路电气化复线

---

① 林瀚：《"历史上中国的海疆与航海"学术研讨会综述》，《海交史研究》2014 年第 1 期。

② 郑宽涛：《明代南京官办造船史迹与郑和宝船厂研究》，《江苏地方志》2015 年第 4 期。

③ 张远鹏、曹晓蕾、张莉：《江苏省与 21 世纪海上丝绸之路沿线国家合作交流项目》，《东南亚纵横》2014 年第 11 期。

改造将于 2017 年年底完成，由单线改成复线，开通动车组。第二条沪蓉高铁（将"一带一路"和沿海开发结合起来，从南京出发，经过南通、泰州、扬州、南京到成都），这两条高铁线路正在筹划中。张远鹏等认为，江苏省在"一路"（21 世纪海上丝绸之路）上的投资贸易（境外投资）较多，而与"一带"上的合作较为欠缺。[①] 丰志勇认为，"一带一路"建设中，地处南北东西交汇的南京，正积极推进"一区一带三枢纽"，即申请江北的国家级新区，构建东南科技创新示范带，打造空港、海港、高铁港三个枢纽，未来还将在制造业、服务业、服务外包软件、智能电网等产业方面进行创新发展。

2100 多年前，由中国人开启的古丝绸之路推动了东西方平等开展文明交流，沿线国家出于商业或边疆安全的考虑，自发加入交流行列。古丝绸之路留给人类的遗产，不仅是东西贸易的互通，更是两个伟大文明的交汇。[②] 新丝绸之路经济带则是在经济全球化时代，东西方文明为扩大互利发展的一种自觉意识和有计划的区域合作，其内涵早已超越道路交通的局限，而是涵盖了经济、文化、艺术、宗教信仰等各个方面。"一带一路"倡议的提出，标志着东西方两大文明将在此再度交汇，延续两千多年来千百种不同的文化在丝绸之路上的相互碰撞、相互交流和相互融合。"一带一路"概念的提出，不仅表达了中国与世界持续开展经济合作的意愿，而且具有包容性和文化内涵。"一带一路"的主线是经济合作和人文交流，"一带一路"倡议能够为沿线各国文明之间的交流、融合、发展与共存提供新的平台。新丝绸之路经济带是在新的历史条件下对古丝绸之路的继承、创新和发展。

"一带一路"所凝聚的战略构思、人文精神，为南京新时期文化发展提供了新的对外平台。南京具有独特区位、环境与文化优势，如何提升其作为"一带一路"重要节点城市的文化形象，在建设"一带一路"这场大潮中扬帆起航，是南京需要认真审视的问题。共建丝绸之路经济

---

① 张远鹏、曹晓蕾、张莉：《江苏省与 21 世纪海上丝绸之路沿线国家合作交流项目》，《东南亚纵横》2014 年第 11 期。

② 施福平、唐丹妮：《发挥上海在"一带一路"建设中的文化先发效应》，《上海文化》2014 年第 4 期。

带和 21 世纪海上丝绸之路，对于沿线城市发挥地缘优势，打通政策壁垒，具有重要意义，也为南京建设国际性人文绿都创造了难得的机遇。

就国际环境而言，丝绸之路曾经促进了中西文化的交流。经济全球化时代的文化贸易，开辟的则是另一条更为深远的开放发展之路。文化的力量在于润物细无声，各国经济发展和文明形态既需要通过经济合作缩小差距，互利共赢，更需要通过人文交流增强相互理解、同气相求。就国内环境而言，南京作为中国改革开放的排头兵、先行者，作为中国对外交流的中心城市之一，也由此获得了新的开放发展机遇，应积极介入，有效助推，与沿线城市在文化活动、文化旅游、文化贸易等方面共建共享"一带一路"文化发展新机遇。

同时，丝绸之路的内涵早已超越了道路交通的局限，涵盖了经济、文化、艺术、宗教信仰等各个方面，是东西方文化乃至世界文明沟通和交流的象征。众多民族的相互亲和，多种宗教的彼此交织，成为连接异质文明的重要纽带。探索这种交往的机制与内在规律，对今日异质文明的对话与交往有积极的借鉴作用。

由于"一带一路"沿线各国资源禀赋各异，经济互补性较强，彼此合作潜力和空间很大。"一带一路"中国与丝路沿途国家分享优质产能，共商项目投资，共建基础设施，共享合作成果，内容包括道路联通、贸易畅通、货币流通、政策沟通、人心相通等"五通"，对沿线国家产生了巨大影响。

第二节 "一带一路"倡议下南京文化 "走出去"的重新审视

南京是一座有着丰厚历史文化资源的城市，在"一带一路"倡议的背景下，有必要对南京与海上丝绸之路相关的历史资源进行细致梳理，重新审视近年来南京文化形象传播的内容、方式等，分析其缺陷与可提升、改进之处。

一　南京文化"走出去"的历史资源

南京与"海上丝绸之路"发生关系，就古代而言，主要在两个历史时期，一是三国两晋南北朝时期，即"六朝时期"，二是明代。这两个时期，南京作为都城，是中国中央政权以国家力量来组织、实施及推动与国外展开海上政治、经济、文化交流的核心地。这种海外交流，其性质、特征有别于沿海港口城市以贸易为导向而进行的交流互动。

六朝时期，南京作为东吴都城建业和东晋、南朝都城建康之所在，海上丝路从南海一线北延到东海一线，且"东海航线"与原先的"南海航线"恰好在南京相汇合。历史上，南京是中国七大古都（西安、洛阳、南京、北京、开封、杭州、安阳）中唯一与"海上丝绸之路"发生直接关联的都城；南京还是唯一一座把"海丝"的"南海线"和"东海线"集于一身的古都城市。① 当时，南京作为东亚文化中心，大量文化要素通过"海上丝绸之路"与海东列国、东南亚、南亚及西亚国家发生交流，具体内容包括瓷业、建筑、佛教、艺术、文字、礼仪制度等。正如日本学者吉村怜先生所言："从文化上来说，6 世纪的南朝宛如君临世界的太阳，围绕着它的北朝、高句丽、百济、新罗、日本等周围各国，都不过是大大小小的行星，像接受阳光似的吸取从南朝放射出来的卓越文化。"

明朝时期，南京作为郑和七下西洋的策源地，作为郑和宝船的建造地，保留着丰富的"前无古人，后无来者"的大航海时代的记忆。永乐元年（1403），明皇帝朱棣制定了派遣郑和下西洋的决策，并下令郑和督造宝船。永乐三年（1405），郑和船队领命出发，开始了历时 28年、壮行 10 万余里、踪及 38 国的七下西洋的航海活动。从某种意义上来讲，明代海上丝绸之路国家战略的总策划、总指挥是朱棣皇帝，而郑和则是极具震撼力的执行者，而这一切始于南京。②

截至今日，南京仍然是全国拥有最多的明代政府和郑和下西洋遗址遗迹的城市。南京海上丝绸之路遗存分为两大类：一是航海相关遗存，

---

① 贺云翱：《海上丝绸之路·南京遗迹》，《世界遗产》2015 年第 7 期。
② 徐华：《南京寻找失落的航海记忆》，《中国船检》2015 年第 6 期。

如都城城址、造船厂遗址;二是文化与文明交流产物,如宗教建筑、航海家府邸和墓葬、外国人墓地等。遗存具体包括六朝都城遗址、道场寺遗址、明代都城遗址、静海寺、天妃宫、龙江宝船厂遗址、郑和墓地、浡泥国王墓、净觉寺、郑和府邸旧址、洪保墓和大报恩寺遗址等12处。静海寺为永乐九年(1411)明成祖为褒奖郑和下西洋的功绩所建,赐额"静海"。天妃宫碑是国内最大的郑和下西洋石刻,也是海内外规格极高的妈祖文化遗存。

二　南京对外文化交流平台

南京对外文化交流主要以南京市政府为主导,依托节事营销、会展营销、城市广告、新闻发布会等渠道,利用行政力量引导传统的主流媒体,宣传推广南京市文化形象,如近年来重要的对外文化交流与传播平台,包括名城会、音乐节等。

名城会是南京市首创于2004年的一项国际文化盛会,每两年举办一次,旨在推动世界历史文化名城之间、世界不同文化之间的交流融通。自创办以来,先后有50多个国家的240多个城市参与南京名城会。历届名城会开幕式上,南京向世界展示了《好一朵茉莉花》民歌、《夜泊秦淮》大型实景演出、中华门城堡的入城仪式、南京云锦服装、明城墙、白鹭洲、玄武湖等鲜明的南京特色文化。

从2015年起,江苏省委宣传部、南京市人民政府开始主办南京森林音乐会,以"南京,让世界倾听"为主题。开幕式以"当昆曲遇见巴赫"这一代表意义浓厚的表演方式,展示江苏与世界交流文化的创意与决心。然而,南京虽为举办城市,却是江苏文化及国内各派音乐名士的主场,充分体现了南京这座城市的包容性与创新性,但也缺乏对南京特色文化的突出表现。

三　南京对外文化传播的机制分析

近年来,南京对外文化传播机制仍以政府为传播主体,以传统媒体为主要传播途径。在传播主体、传播方式、传播受众方面均存在一定的问题,阻碍了南京对外文化传播机制的完善。

南京对外文化传播仍处于传统媒体传播的氛围,以政府新闻发布、节庆热点事件为主要方式。传统的传播格局因在政府的强势引导下，大众传媒很好地履行了"把关人"的职责，消除了城市形象传播的不和谐的"噪音"。各媒介在进行城市形象传播时保持高度的一致性，但同时也存在传播广度不够宽，与受众缺乏互动交流等问题。[①] 城市文化形象传播离不开政府和受众的有效互动，如城市文化形象定位、设计等不仅应考虑城市的历史、文化、资源等因素，还应考虑市民及受众的观点，南京并未建立网络舆情收集和反应机制，不能对城市形象进行有针对性的传播。这一媒介环境下，传播受众没有话语权，只能被动地接受媒介传播的城市形象的相关信息，无法进行反馈，也不受年轻人欢迎，因而无法形成对城市文化的热议，没有讨论便注定热点无法保持持久热度，文化热点、文化形象尚未给受众留下深刻印象便泯没于众多的新闻中。[②]

近两年，南京顺应时代变化，将目光瞄向新兴媒体，做了些许尝试，但在城市文化形象网络传播中仍存在诸多弱点。第一，重视程度不够。我国的城市文化形象网络传播起步晚，人们对城市文化形象网络传播不甚了解，不愿意在城市形象网络传播上投入过多。第二，专业人才缺乏。城市文化形象网络传播是一项具有挑战性的工作，需要一批懂网络、懂传播、懂策划的专业人才。我国城市文化形象研究发展较晚，城市文化形象传播教育发展滞后，缺乏网络媒体传播城市文化形象的专业人才，许多政府部门不知道如何进行城市文化形象定位，不会开展城市文化形象网络宣传。第三，策划性和互动性差。当前，一些城市已开始进行网络宣传，地方门户网站、商业网站、新闻网站等都有城市文化形象的内容，这些内容有些杂乱无章，有政府在网上进行的有偿宣传，有市民、旅游者、投资者等无意发布的信息，也有新闻报道时涉及的内容，缺乏规划性、系统性和多样性，难以留给传播受众整体的、深刻的文化印象。[③]

---

①　刘慧：《新媒体环境下南京城市形象的媒介传播策略》，《今传媒》2012 年第 7 期。
②　郭小霞：《城市形象的网络传播探析》，《传媒》2015 年第 5 期。
③　同上。

第三节 南京城市文化"走出去"的目标与路径

在信息化传播的今天，城市文化形象提升的一个独有特征是充分利用城市形象与符号的碰撞，通过大众传媒来更广泛地传播城市文化建构的思维模式和交流模式。如何结合建设"一带一路"的重要战略发展机遇，充分发挥"人文先行"的优势，通过合理制定发展规划和有效整合文化资源形成城市文化发展的合力，不仅是南京市在参与"一带一路"建设时提升城市竞争力不可绕过的课题，也是对良好城市文化形象诉求的应有之义。

《江苏省文化厅"十三五"文化发展规划》提出，"一带一路"倡议的深入实施，需要江苏发挥重要交汇点的地位和作用，利用与沿线国家有深厚历史渊源和广阔经贸往来的优势，放大开放型经济优势，广泛开展与沿线国家的文化交流与合作，做好文化先行，奠定"一带一路"的民意基础、文化基础。将"一带一路"文化交流工程纳入"十三五"时期江苏文化建设的重点任务。南京作为江苏省省会城市，应在"一带一路"倡议背景下，积极开展对外文化交流活动，成为新媒体时代城市文化形象传播的先行者、示范者，助力江苏省在"一带一路"背景下的文化交流与文化发展。因而，未来五年南京城市文化形象网络传播的主要目标为：深度挖掘南京市特色历史文化资源，提高文化开放水平，对外文化整体形象鲜明，打造数个突出的文化品牌。

对外传播路径则是整合传统、新兴媒体，境内、境外媒体，其中重点应用新兴媒介，鼓励政府和民间力量共同挖掘梳理南京境内"一带一路"历史文化资源，积极开展文化遗产、艺术创作等领域的交流与合作；丰富南京文化形象传播的参与主体，分析南京对外文化形象传播受众。与沿线国家国际合作主管部门及驻华机构、我驻外机构、商会协会、友好团体等组织积极联系，及时捕捉交流信息和合作意向，推动南京对外文化交流传播。

一　重构传播内容，打造城市文化个性符号

分散的城市形象符号必然在一定程度上影响海内外广大公众对南京进行完整的文化形象认知，使其对外文化传播的深度和广度大打折扣。城市文化形象定位是城市文化形象传播的基本前提和核心内容，准确的城市文化形象定位能够体现城市历史传统、民俗文化、精神理念等方方面面的文化特色。在城市文化形象传播中，应将传统与现代、共性与个性、环境与功能等结合起来，在准确把握城市经济、政治、历史、文化的基础上进行城市文化形象定位。因此，必须进一步提炼南京市独特的城市文化特性和普世公认的核心价值观念。

城市要想更多地为外部世界所知，必须有自己的文化个性，并积极对外传播这种文化个性。城市个性是城市在发展过程中逐渐形成的区别于其他城市的自然与人文特点，具有主观和抽象的双重含义，既包括有形的城市直观形象与景观特色，又包括无形的城市心理和文化氛围。这在当今中国许多城市"同质化"、鲜明特征越来越少的大背景下，更显得重要。

城市文化个性表现在城市的山水风景、标志性建筑、历史文脉、特色街区、特色活动、特色经济、特色民俗等方面，这些内容对于对中国历史、文化、民风不甚了解，而有着浓厚兴趣、渴望多了解一点的西方受众来说，是新奇而充满吸引力的。抓住这些个性化的看点，对外传播城市文化形象，能够给西方受众留下深刻的印象，如南京的古都文化、民国文化及时下最热的海上丝路遗迹。南京作为六朝古都，拥有丰富的历史文化遗迹、手工技艺。历史文化遗迹如六朝都城遗址、道场寺遗址、龙江宝船厂遗址、大报恩寺遗址等，手工技艺如南京剪纸、南京云锦等，应当将这些元素融入南京城市文化形象，并结合文化创意产业，将其发展为可触摸、可直观感受的个性文化，以此加深对南京的城市文化印象。

同时，在传播个性化城市文化形象的时候，也不应忘记融入共性内容。尤其在"一带一路"倡议的背景下，丝路影响力的核心在于民族融合机制与多种因素的相互支撑和形成。这里所说的"共性"，是指为世界各种文化所共同认同的人类优秀品质和社会高尚道德、现代社会共

同的价值取向和价值追求，如善良、勇敢、上进、礼貌、勤奋敬业、乐
于助人，以及社会和谐、政治民主、法制完善、科技进步、人文关怀
等，类似于当今流行的"普世价值观"。推广南京城市文化形象，如通
过现代音乐剧、杂剧形式展现南京的特色历史文化时，应把南京传统文
化的深刻思想内涵与当代中国价值观念引入对外文化交流活动，把中国
当代价值观念与世界各国人民的价值观念联系起来，凸显中华优秀传统
文化、南京特色文化的博大精深，展示南京人文环境的魅力。

二 丰富传播方式，挖掘文化交流多元途径

（一）通过重大活动，推动城市文化形象传播

重大活动囊括了城市物质、精神、社会等多种元素，是展示传播城
市文化形象的极好平台。在现代城市发展的历史中，重大活动已成为城
市发展的新战略工具，其作用不可替代。南京曾举办青奥会，青年志愿
者的活动给人们树立了南京博爱、包容的精神形象，更是在开幕式、会
场细节处展现青铜器、青花瓷、南京云锦、紫金山天文台、丝绸之路、
郑和下西洋等鲜明的南京文化符号。迎青奥的几年间，越来越多的世界
青年对南京这座文明古都由认识、了解到热爱。

因此，在南京市城市文化形象传播中，应当通过极具体验性与互动
性的重大活动，不断增强城市文化形象传播。未来南京应举办一批全民
参与式的国际性文化活动，如"南京·一带一路非遗文化节"，举办
"一带一路"沿线国家、城市非物质文化遗产展演节，现场可观赏、参
与、体验各国非遗文化产品的制作；"秦淮灯会国际风情旅游节"，依
托现有每年举办的秦淮灯会，邀请"一带一路"沿线的新加坡、马来
西亚等国外灯彩参展，展示各国各城市的灯彩风情，并将灯会展出现场
拓展到包括中华门城堡、明城墙等在内的整个夫子庙—秦淮风光带景
区；"环明城墙青年国际马拉松"策划开展"一带一路"沿线国家、城
市青少年参赛者为主的马拉松赛事，在南京明城墙沿线布置主要赛道，
并将此项赛事永久落户南京；"南京国际梅花节暨'一带一路'沿线城
市市花节"，梅花节是属于南京的国家级大型旅游节庆祝活动，从1996
年首届开始，经过数年，已由单纯的踏青赏梅活动发展成为融探花赏
景、休闲娱乐、歌舞演出、文化展览、商贸交流等于一体的城市盛会。

可邀请"一带一路"沿线代表性城市展示各地市花，交流市花所蕴含的文化精神。

同时，互联网以其及时快捷的优势，给城市文化形象的全球化传播，开辟了一条新的路径。南京的重大活动的开展应当借助互联网进行传播。

（二）通过植入式隐性传播，加深城市文化形象

微电影：城市文化形象广告的新思路。与传统的影视剧植入相比，微电影制作周期更短，诉求更为集中，费用更低，且往往易被大量分享、转载和评论。南京现有的城市形象广告——"金陵节拍"时长约13分钟，在篇幅上与微电影相仿，但由于画面单调，毫无情节性可言，对于受众的吸引力极小；另有亚青会期间的《南京，201314》等，通过微电影讲述南京亚青会故事，展现南京及世界青年运动员的活力与热情，以上均是南京市就形象传播在微电影方面做出的尝试，然而并非以文化为主题。微电影已经通过汽车、手机、即时通信等不同类型的广告尝试，但未涉足城市文化形象推介领域，其仍然是缺乏成熟度与创新度的。

游戏传播：另类的城市文化形象拟态传播。国内已有旅游景点进行尝试传播，如游戏《大唐风云》中就真实再现了旅游景点飞石岭的全景，使玩家在游戏中身临其境，加上还能在其中逗留许久，宣传效果远远胜过普通的广告宣传片。但如同微电影广告一样，游戏植入性广告涵盖了汽车、手机、饮料、食品等诸多方面，却尚未有系统的城市形象广告，因此不妨将南京代表性的历史文化景点移植游戏，将南京与海上丝绸之路的故事融入游戏情节中，让基数庞大的游戏玩家群体能在游戏中获得关于南京城市形象的直接感受和体验，从而心生向往。①

另外，还可考虑打造一部南京历史上的"一带一路"文化交流纪录片，一首南京城市形象主题歌曲，一张城市手绘地图等衍生产品，通过文化潜移默化、润物无声的力量，于无声处打下南京文化形象的烙印。

---

① 刘慧：《新媒体环境下南京城市形象的媒介传播策略》，《今传媒》2012 年第 7 期。

（三）通过文化旅游方式，传播城市文化形象

旅游特别关注目的地的地方精神，它是一个地方相对其他地方所特有的个性化品质，是当地历史发展长期沉淀的结果。地方精神是旅游目的地形象的灵魂，代表了当地历史和现状的突出特色，其独特性与唯一性是对旅游者产生吸引力的源泉。

国内学者将旅游区形象理解为广义和狭义两个方面。狭义的形象是指旅游者对旅游区内自然风景、人文景观要素及其组合的感知和印象，广义的形象是指旅游者对旅游区中各种自然、社会经济要素的综合感知和印象，既包含具体的有形的景观形象，如水景、古建筑等形象，又包含抽象的无形的环境形象，如旅游服务、社会环境等形象。由此可见，旅游形象与城市文化形象存在交叉的一部分，旅游形象中的某一部分正对应着城市文化形象的一个点或是一个面。

南京是郑和七下西洋的决策地、出发地和宝船制造地，留下了大量遗迹，如天妃宫、静海寺、郑和墓、郑和官邸、宝船遗址公园等。为弘扬伟大的航海家精神，提升南京的城市文化形象和影响力，可将这些景点串联起来，整合成2—3日游旅游专线，邀请"一带一路"沿线国家的旅行商前来踩线。

（四）通过科研成果交流，传播城市文化形象

通过进行南京城市文化形象传播科研课题，举办一系列"一带一路"主题论坛等学术方式，以严谨、正式的方式传播南京市的城市文化形象。

建议进行如下相关课题研究，并将研究成果投放于国内外知名媒体或学术期刊，如《"一带一路"与南京城市文化形象传播》课题研究，将课题成果发表在《人民日报》或《光明日报》理论版；《"一带一路"背景下的南京和平教育与传播研究》，计划于2017年发布，纪念全民族抗战爆发80周年及侵华日军南京大屠杀事件80周年；《"一带一路"与南京公共外交拓展研究》，拟在2018年配合相关论坛活动发表。同时组织学术团队赴国外及国内"一带一路"相关节点城市地区进行调研工作，国外包括文莱、新加坡、马来西亚（吉隆坡、马六甲）、印度尼西亚、印度等地。

同时，围绕"一带一路"主题，计划由相关部门牵头，每年定期

在南京举办系列主题论坛，并尽可能地将举办地点定于南京市与海上丝绸之路相关的 12 个遗迹周边。例如"海上丝绸之路与文化遗产保护论坛"，文化遗产是"一带一路"的文化基石，结合 2016 年中国南京世界历史文化名城博览会召开的契机，设立专家论坛，邀请参加名城会的专家、市长等共同参与，实现文化交流互鉴，扩大南京的文化影响力；"大报恩寺'一带一路'国际佛学论坛"，公元 988 年大报恩寺前身长干寺的可政大师将玄奘大师的顶骨舍利藏于长干寺；600 多年前郑和六下西洋之后，改任南京守备，成为大报恩寺工程的总负责人，玄奘是陆上丝绸之路最杰出的代表，郑和是海上丝绸之路最杰出的代表，二位会聚于此，大报恩寺遗址因此成为"一带一路"的交汇点。可举办国际性的佛学研究论坛，延续南京的佛教文化交流传统；"妈祖文化交流论坛"，妈祖文化已影响到海峡两岸以及海外 30 多个国家，是联系两岸同胞、海外华人华侨的重要桥梁和纽带。依托南京天妃宫，围绕妈祖文化在"一带一路"建设、两岸关系和平发展中的重要作用，从弘扬妈祖"立德、行善、大爱"精神、传播妈祖文化的途径、南京的妈祖崇拜渊源、以妈祖文化促进两岸和平发展等层面展开交流研讨；"南京国际和平论坛"，21 世纪是以和平、发展、合作、共赢为主题的新时代；2017年，是侵华日军南京大屠杀事件 80 周年。借举办国家公祭日的契机，举办南京国际和平论坛，搭建交流平台，打造南京和平之都品牌；"城市公共外交论坛"，公共外交是实现民心相通的重要途径，以"一带一路"重要节点城市建设为目标，探索从城市公共外交角度，如何营造多元公共外交传播主体格局，扩大城市的国际影响力；"青年与'一带一路'建设论坛"，青年是未来"一带一路"建设的主要力量，南京是中国第一个承办青少年奥林匹克运动会的城市，围绕此举办青年与"一带一路"建设论坛及其他主题论坛。

三　融合传播平台，整合新旧媒介实现共赢

李普曼的拟态理论认为，我们生活在两个世界中，一是真实的现实世界，二是由媒介构建出来的"媒介世界"。城市文化形象是一个可被主观形塑的意象。城市在进行目的性的形象传播时，会进行内容的挑选，所以城市文化形象传播是城市在媒介中的再现，是可被建构的。因

此，南京市文化形象传播必须重视媒介这一传播平台的力量，并以新兴媒介为主要传播平台。

（一）加强各类各方媒体互动

互联网出现之前，传统大众媒体一直是城市文化形象传播的重要载体。随着网络信息技术的应用与普及，人类进入了网络信息时代。《新媒体蓝皮书：2012 中国新媒体报告》指出，基于网络而兴起的新媒体是人类有史以来发展最快、影响最深远的媒体。新华网网络舆情监测分析中心数据显示，随着网络媒体影响力的不断扩大，当前城市宣传也越来越倾向于网络途径。网络媒体以其受众广泛、去中心化、互动性强等特点，成为传播城市文化形象的主要途径，彻底打破了原有的城市文化形象传播格局。因此，在新的媒介环境下，我们必须转变城市文化形象传播的观念与方式，认真审视网络媒体在城市文化形象传播中的重要角色，把握城市文化形象网络传播的规律，积极拓展城市文化形象的传播渠道。

在城市文化形象网络传播时，充分考虑传播信息的多样化、立体化和多媒体形式，将文字、图片、视频结合起来，打造多媒体的城市形象。在南京城市形象的推介过程中，应当充分利用各种新旧媒介形态的传播优长，以合适的媒介组合实现最佳传播效果。同时，促进境内媒体与境外媒体的互动。在南京城市形象传播的媒介选择方面，要实行"央视媒体＋地方媒体＋国际媒体"的境内、境外媒体的组合策略。

（二）利用"自媒体"，加大网络议程设置力度

媒体的议程设置会让受众"因媒体的议程而改变对事物重要性的认识，并对重要的事件首先进行认知和行动"。议程设置不仅是重要的信息源，还是重要的影响源。在网络媒体出现之前，城市议程的设置功能主要由传统大众传媒来承担，而后网络媒体的介入，使传统媒体的城市议程设置功能逐渐被弱化，网络媒体逐渐由边缘走向主流。因此，可以考虑在特定时间内，通过南京网络媒体发起南京城市文化议题，在微博、博客以及网络论坛等近年来关注度颇高的自媒体的醒目位置设置话题讨论，让受众通过博文、评论、帖子参与话题，实现观点的交融与互动，达到文化议程设置的作用，并在这一过程中促进南京城市文化形象的传播。

（三）大力培养城市文化形象网络传播的专业人才

要通过网络媒体宣传城市形象，就需要培养一批懂网络、懂传播的高素质人才。为此，南京市政府可考虑成立城市文化形象传播机构，选拔优秀人才，不断提升城市文化形象宣传队伍的质量。另外，南京市政府可主动与南京大学、东南大学、南京师范大学等高等院校进行人才培养合作，依托高校、企业丰富的资源优势，培养专业人才，如让领导干部到高校参加学习培训或到企业进行挂职锻炼，不断提升领导干部的网络传播能力和舆情表达能力。

另外，必须提高城市文化形象传播人员的英语能力。在国际交流日趋频繁的今天，对外文化传播塑造的城市形象和国家形象能否得到国际社会的广泛认同和支持，将会对城市综合竞争力、国家外交政策的实施及国家行为能力的提升产生巨大的影响。在经济全球化的语境中，要在对外传播中发掘出民族文化的新精神和新生命，在国际社会塑造一个文化强市的形象，主要有赖于传播媒介所呈现的符号真实。英语作为一种国际通用语言，其作用是不可替代的。它不仅能够传播给最多的外国公众，还能够在再次传播过程中最大限度地确保信息的准确和充分。

四　拓展传播主体，鼓励纳入各方群体参与

城市文化形象传播主体，即城市文化形象传播行为的发出者。传统媒体环境下，城市文化形象的传播主体是固定的媒介和机构，信息来源相对单一，大众只能被动地接受信息，但在新媒体环境下，城市文化形象传播主体更为多元，城市公共部门、城市内部企业和市民、城市外部民众共同成为城市文化形象对内对外推介的主体。城市文化形象的传播，需要充分调动政府部门、民间机构和公众等社会全员的主体参与意识和积极性，同时需要考虑传播主体的网络素养、传播目的或态度。

以政府主导，加强领导工作。首先，城市文化形象传播的主体多为政府部门，政府是城市发展的策划者与领导者，政府的战略规划、宣传方式、目标制定等直接影响着城市的文化形象传播效果。其次，政府是城市文化形象传播的"把关人"，把控着城市文化形象传播的大致内容与传播秩序。城市文化形象问题实质上是政府公关问题，涉及政府部门、企业、社会组织、市民等，需要有专门机构组织和协调城市文化形

象宣传工作，才能更好地提升城市文化形象，打造城市文化品牌。南京市政府应成立专门的南京城市文化形象领导小组，整合南京市的新闻网站、商业网站、门户网站等网络资源，有目的、有计划地开展城市文化形象传播工作。同时，加大城市文化形象网络宣传的投入力度，多在省级、国家级网站上宣传南京城市形象，不断提升南京的知名度和美誉度。

鼓励南京市民及国内外访客以人际、组织和群体等大众传播途径，广泛开展对外文化传播和民间友好交流。新媒体传播具有互动性，能促使市民主动地参与到城市文化形象塑造及传播过程中来。

第五章

雨花英烈精神与红色文化建设研究

习近平总书记强调："要把红色资源利用好，把红色传统发扬好，把红色基因传承好。"① 他在视察江苏时指出，雨花英烈的事迹展示了中国共产党人的崇高理想信念、高尚道德情操、为民牺牲的大无畏精神，要使之成为激励人民不断开拓前进的强大精神力量。南京有着丰富的红色文化资源，见证了中华民族历史上的大转折、大开端。其中，雨花台是新民主主义革命时期中国共产党人最集中的殉难地，"信仰至上、对党忠诚、舍身为民、勇于担当"的雨花英烈精神是雨花烈士们留给后人最为宝贵的精神财富。加强南京党史特别是雨花英烈精神研究，用好用活雨花台红色文化资源，弘扬雨花英烈精神，建设红色文化之城，有利于倡导社会主义核心价值观，引导全市干部群众积极投身到"迈上新台阶、建设新南京"的进程中。

第一节　南京红色文化资源存量

红色文化是中国共产党人和广大革命群众共同作风、共同信念、共同精神品质和思维方式的集中体现，是马克思主义与中国优秀传统文化有机结合的产物。目前国内关于红色文化的研究在逐步推进，并形成了一系列的研究成果，主要体现在内涵、功能、价值及资源利用等方面。

---

① 《习近平视察南京军区　叮嘱传承红色基因》（http://news.sina.com.cn/c/2014—12—15/181331287774.shtml）。

南京是民国期间中国共产党人开展新民主主义革命的重要前哨，是我党很多早期领导人奋斗过的地方，是洒满革命烈士鲜血的地方，是许多震惊中外的进步运动发生地，是我党为争取和平民主与国民党合作谈判的重要地点，是人民解放军渡江战役全面胜利的见证地。雨花英烈精神是南京红色文化的集中代表。但与国内其他地域的红色文化研究相比，关于雨花英烈精神的研究比较滞后。南京雨花英烈精神的概念提出时间较晚，影响较小，研究也比较薄弱。2015年9月南京召开了雨花英烈精神研讨会。与会者从用好用活党史资源、坚持和发扬党的光荣传统和优良作风的角度，就总结提炼雨花英烈精神的重大意义、内涵特质、时代价值和实践要求分别做了研讨。此外，雨花英烈是由一个个具体的英雄人物组成的，目前学界对雨花英烈的部分人物进行了研究，形成了初步的成果。通过以上对近年来关于红色文化与雨花英烈研究成果的梳理，我们可以看出，关于红色文化的研究，基本上已经从各个层面展开，并且形成了初步的成果。但从整体上看，还存在着零散化、感性化、表层化的特点，还须在理论系统性和红色文化资源应用系统性以及结合红色文化之城建设方面加强研究。南京红色文化资源具有内容丰富、类型多样、革命遗址多等特点，具有独特优势。

一　五四运动到大革命时期

五四运动以后，南京的学生界积极组织各种社团，其中影响较大的是少年中国学会南京分会和南京学生联合会。随着马克思主义的传播和工人运动的兴起，南京出现了一批宣传马克思主义的先进知识分子，如张闻天、杨贤江等。

南京第一个在报刊上传播马克思主义的是张闻天。张闻天（1900—1976），江苏南汇人。出生于江苏省南汇县（今上海浦东新区）一个殷实农户家庭。原名"应皋"，字"闻天"，取《诗经》中"鹤鸣于九皋，声闻于天"之意，曾用化名洛甫。1917年秋，考入南京河海工程专门学校读书，勤奋好学，善于独立思考，受《新青年》《每周评论》等进步刊物影响倾向革命。1919年，参加了五四运动，随后在报刊上介绍《共产党宣言》。张闻天参与创办了《南京学生联合会日刊》，并在该刊发表《社会问题》一文，运用马克思主义唯物史观考察中国社会，提出工农起来推翻封建统治阶级，还阐述了中国革命分"铲除士大夫阶级"实行民主政治、实行共产主义"各尽所能，各取所需"两步走的观点。他全文转抄了《共产党宣言》第二章中的十条纲领，是南京传播马克思主义的第一人，中国最早宣传马列主义的先驱者之一。

在马克思主义和中国工人运动开始结合的基础上，全国各地相继建立了共产主义小组。王荷波创建与领导了南京地区第一个工会南京浦镇机厂工会和第一个党小组浦口党小组。1921 年 3 月 14 日，王荷波领导浦镇机厂工人成立了工会。他被大家推举为副会长（后任会长）。1922 年秋，在王荷波的领导下，浦口党小组率先成立。王荷波是中国工人运动的先驱，中国共产党早期领导人之一。王荷波原名王灼华，福建福州人。早年读过几年私塾。1916 年到南京，考入英人兴办的浦镇机厂任机匠，后投身工人运动。1922 年夏，他在北京加入中国共产党。1923 年 2 月，为声援京汉铁路工人"二七"大罢工、抗议浦口港务处无理开除工人，组织领导两浦铁路工人及港务工人举行罢工。9 日，带领工人进行卧轨斗争。2 月中旬，为避督军齐燮元追捕，转移至上海。1924 年，与李大钊等共同出席共产国际第五次代表大会。

1927 年在中共"五大"上，王荷波当选为第一任中共中央监察委员会（中央纪委前身）主席。中共五大在武汉召开，在党的历史上第一次选举产生了中央纪律检查机构——中央监察委员会，王荷波当选主席。这标志着中国共产党纪律检查制度的初步创立。1927 年参与领导上海工人第三次武装起义，周恩来任总指挥，他任工会负责人（周恩来称他"大哥"）。后任中共中央北方局书记，主持北方数省的工农革命运动。1927 年，因叛徒出卖被捕，被张作霖杀害于北京。在狱中，他受尽酷刑，坚贞不屈，牺牲前唯一的嘱托是，请求党组织对他的子女加强革命教育，千万别走和他相反的道路。北京解放不久，在周恩来总理的提议下，决定对王荷波等烈士的遗骸重新安葬。1949 年 12 月 11 日，中共中央组织部、中华全国总工会、中共北京市委等组成"王荷波同志等十八烈士移葬委员会"，将烈士的遗骸移葬于北京八宝山革命公墓，举行了隆重的移葬仪式，周总理亲临主祭。2012 年 7 月，南京市纪委、监察局联合浦口区委、区政府，在南京市浦口区建成主题鲜明、史料翔实、功能齐全的王荷波纪念馆暨廉政教育基地，占地面积 1000 多平方米。

二　土地革命时期

土地革命时期，也称第二次国内革命战争时期（1927—1937），以第二次国共合作、中国抗日民族统一战线形成为其结束的标志。1927—1937 年，是中国共产党不断克服困难、纠正错误、在国民党的残酷镇压下坚持斗争的十年，也是民族矛盾不断激化，最终促成国共走向第二次合作的十年。1927 年 4 月 18 日，南京国民政府成立。南京作为国民政府的首都，是白色恐怖的中心，党的工作十分艰难。这一时期，南京党组织遭受 8 次破坏。受到立三路线和王明"左"倾路线的影响，党组织接连发出错误的指示，多次的暴动给党带来了巨大的损失，党的组织一度在南京销声匿迹。而且，九一八事变拉开了日本侵略中国的序幕，民族危机不断加深，全国人民要求一致对外，抗击日本侵略者。共产党人也及时调整了政策，旗帜鲜明地提出抗日的口号并开始谋求与国民党的再次合作。这一时期，中共党组织屡遭破坏，雨花英烈、晓庄英烈等是这一时期中共从事革命斗争牺牲的集中代表。

（一）雨花英烈与雨花台烈士陵园

雨花台烈士陵园，位于江苏省南京市城南的雨花台区，是雨花台风景区的主体部分。此处是一片丘陵地带，共有 5 个山冈，高约 60 米，长约 1000 米，面积 113 公顷，自 1927—1949 年，约有 10 万革命志士殉难于此。邓中夏、史砚芬、罗登贤、恽代英、侯绍裘等烈士，都在这里英勇就义。这期间，南京地方党组织屡遭破坏，多次重建。中华人民共和国成立后的 1950 年，雨花台被辟为革命烈士陵园，广植树木，修建道路。1979 年，在北殉难处建成高 10 米、长 14 米的烈士群雕。1984 年在陵园南部兴建纪念馆，并建造高 42 米的纪念碑。纪念碑碑名"雨花台烈士纪念碑"由邓小平手书，1988 年列入第三批全国重点文物保护单位。

（二）晓庄英烈与行知园

20 年代末旧中国的统治中心南京，白色恐怖笼罩全城，但在北郊却有一块相对自由的天地，那就是离燕子矶不远的劳山脚下，陶行知创办的中国第一所试验乡村师范学校——南京晓庄师范。当时，中共南京市委常常将一些重要活动集会放在那里举行，晓庄学校堪称"革命的温床”。

1928 年夏，中共晓庄支部在晓庄师范旁边的树林里成立。支部书记由刘焕宗担任，年底改由石俊担任。先后在晓庄师范战斗过的共产党员有十多人，还有袁咨桐等十多名共青团员。由于晓庄师范政治民主，晓庄党支部积极开展工作，不到两年时间，党团员增加了一倍，在党支部周围的进步群众包括师生、农民有数百人。中共江苏省委派陈云同志到南京视察工作。陈云认为，南京“争自由的斗争有七个学校有了群众，其中以晓庄为最好……”

从 1930 年 6 月至 9 月，晓庄师范有 30 余名师生被捕入狱。八九月间，晓庄师范青年学生石俊、叶刚、郭凤韶、袁咨桐、姚爱兰、谢纬棨、沈云楼、胡尚志、汤藻、马名驹 10 位同志，先后在雨花台英勇就义。他们中年龄最大的 23 岁，最小的才 16 岁。晓庄师范被封后，许多师生转赴各地，以后他们当中又有不少人加入中国共产党。

为纪念牺牲的 10 位英烈，1951 年 3 月，在栖霞区和燕路晓庄行知路 1 号行知园南侧竖立起了“晓庄革命烈士永垂不朽纪念碑”。

三 抗日战争时期

1937—1945 年，是中国反抗日本侵略者的八年。1937 年 7 月 7 日，日军借口士兵失踪要求进入宛平城搜查，挑起卢沟桥事变，全面抗战爆发。严峻的战争形势和人民要求抗日的呼声，促使蒋介石和南京国民政府放弃了“攘外必先安内”的政策，寻求与中共合作，共同抗日。7 月 15 日，中共向国民党送交《中国共产党为公布国共合作宣言》。8 月，在国民党方面的邀请下，周恩来、朱德与叶剑英由西安飞往南京，就国共合作问题先后开展了两轮谈判。9 月 22 日，中央通讯社发表《中国共产党为公布国共合作宣言》，23 日蒋介石发表谈话，实际上承认了中国共产党的合法地位，标志着国共合作下的抗日民族统一战线正式形成。12 月，南京被日军占领。之后，地下党组织重新建立并积极开展活动，从内部瓦解敌人；南京周边的新四军建立了敌后抗日根据地，在战斗中消灭敌军。南京留下了众多中国共产党领导抗战的印记与遗迹。

八路军驻南京办事处是当年八路军在国民党统治区设立的第一个公开办事机构。八路军驻南京办事处旧址位于傅厚岗 66 号（现鼓楼区青云巷 41 号），为原南开大学校长张伯苓公馆。博古、董必武、叶挺、叶剑英、李克农等人曾在此住过。虽然办事处在此工作只有 3 个月，但做了大量工作，为实现第二次国共合作，建立、巩固抗日民族统一战线做出了重要贡献。

此外，抗战时期，南京的郊县战略地位重要，是苏南抗日根据地的领导中心。新四军在南京留下的遗址主要有新四军一支队司令部旧址和新四军驻高淳办事处旧址及溧水李巷指挥部旧址等。

1956 年，六合县人民政府将散落各地的烈士墓集中，建立了桂子山烈士陵园。陵园建有烈士墓、纪念碑、忠魂亭、陈列馆，陵区占地19600 平方米，其中陈列馆 280 平方米，现为南京市爱国主义教育基地。

抗战期间，新四军曾在溧水境内创建了阳溧高、江当溧、江溧句三块抗日根据地，特别是白马镇李巷村是新四军苏南抗战的指挥中心，十六旅旅部、中共苏皖区委、苏南行政公署等苏南党政军首脑机关都曾驻扎在李巷，项英、陈毅、粟裕等曾在此生活战斗。溧水地区的抗日战争有三个特征。

一是苏南地区抗日斗争的指挥中心。溧水白马地区是新四军通往江宁、句容地区的咽喉要道，成为当时日伪军与新四军争夺的战略要地。溧水是以茅山为中心的苏南抗日根据地的重要组成部分和重要战略支点。抗战时期，溧水是苏南党政军首脑机关和新四军主力部队的驻地，成为苏南军民抗日斗争的指挥中心。溧水抗日根据地的中心在白马镇石头寨村李巷。抗战初期，这里驻扎着新四军一支队一团、二支队四团团部。1940 年年底，新四军新二支队司令罗忠毅、副司令廖海涛率部进入溧水，不久因皖南事变而不得不撤至太（湖）滆（湖）地区。1941年塘马战斗后，这里成为中共苏皖区党委、新四军十六旅旅部、苏南行政公署驻地。1942 年元旦前后，新四军六师师长兼政委谭震林率部来到溧水整顿十六旅，并粉碎了日伪的大规模"扫荡"。1943 年年底，新四军十六旅旅长王必成、政委江渭清、副旅长兼参谋长钟国楚率部发动了溧（水）高（淳）战役，狠狠打击了日伪军，收复失地，巩固了溧水抗日根据地。抗战后期，溧水是苏南新四军扩大根据地、进行大反攻、夺取苏南抗日斗争胜利的前进基地和重要后方。

二是抗日斗争形势复杂艰苦,战斗频繁,牺牲的人民群众、地方干部、抗日将士是苏南最多的地区之一。抗日战争时期,南京处于敌伪统治中心地带,敌伪统治力量较强,溧水抗日军民处在敌伪顽三面夹击的战争环境,敌强我弱。据不完全统计,新四军第二支队第四团从1938年10月开赴江宁、溧水地区抗日,到1939年渡江北上为止,进行了一年多的抗日斗争,仅在溧水县境内大小战斗达150次以上,击毙、击伤敌700余人,毁坏桥梁6座,破坏电话线路17次,计73里,缴获汽车10余辆,组织民众破坏公路路基约30里。到抗战胜利时,横山抗日武装总队及其领导的武装力量,共与日伪军作战100多次,毙伤日伪军近千人,拔掉日伪军据点10多个。①

三是抗战持续时间长。抗战初期,溧水是新四军最早到达的地区之一,是苏南新四军领导机关与皖南新四军军部往来联系的重要通道。1938年4月,新四军先遣支队在粟裕司令员的率领下挺进南京郊县,坚持抗战,直到日本投降的前一天。1945年8月14日,新四军在白马镇张家岗村全歼敌军,打赢了溧水地区抗日的最后一战。在这场战斗中,新四军以伤亡数十人的代价,全歼敌军700余人,其中俘虏了350余人,同时缴获机枪11挺、长短枪300多支及其他军用物资。

目前,由溧水区对李巷及周边25个自然村开展调研,筛选出8个村20处有较高价值的红色文化遗址遗迹,其中李巷村6处,有李家祠堂(十六旅旅部、中共苏皖区委、苏南行政公署驻地)、地下交通总站、溧水第一个农村党支部等旧址,以及陈毅、江渭清等新四军领导旧居等。溧水区政府确定打造三大红色文化片区:建设李巷红色旅游主题村,依托红色文化遗址,复建李家祠堂,新建溧水人民抗日斗争纪念馆,打造红色文化纪念轴线、红色生活体验线、红色文化互动空间、红色文化消费空间;建设李巷地区美丽乡村,以红色旅游为基础,建设涵盖石头寨村、曹家桥村、芳山林场,以及晶桥镇部分区域,共36平方公里的美丽乡村,新建游客服务中心、白马自行车公园、乡居精品酒店、自然学校、石寨文创园,大力发展黑莓、蓝莓产业,推动现代农业与红色旅游融合发展,打造红色旅游、蓝色农业、橙色运动、绿色深氧

---

① 溧水拟建抗日战争纪念馆(http://qx.longhoo.ne)。

等板块；建设红色教育基地，新建红色教育培训中心，开展红色文化体验式培训，打造南京市党员干部教育培训现场实践基地。[①]

溧水还有著名的大金山抗战遗址。大金山原名鬼子山。抗战时期，曾有日军一个小队驻扎在此山，试图扼守溧水至天王寺的交通要道。1938 年至 1944 年，鬼子山上的日军在主峰修建了一座地堡，高约 1.8 米（地面以上 1 米），长宽各约 2 米，四方均有一个长方形的瞭望兼射击口，可容纳 4—5 人。日军倚仗这一工事，试图阻止新四军的骚扰和攻击。1944 年年底，鬼子山上的日军小队因太平洋战争军力吃紧不得不从此山撤走。但是这座地堡却完整地被保留了下来，成为日寇侵略中国残害无辜民众的铁证，大金山也因此成为溧水唯一一座保留抗战遗址和实物的山峰。1992 年，退伍老兵自筹资金在鬼子山上建起了全国首家民营县级国防园，并把鬼子山改名为大金山。2007 年，大金山实施扩改建工程。张勇将地堡保护起来，并在周围修建了战壕，设置标识牌，编写讲解词，将其作为侵华日军的活教材，对中小学生和游客进行生动的爱国主义教育。同时，在地堡旁兴建了 400 平方米的国防与爱国主义教育展馆。馆内陈列有抗日战争中日军的军刀、钢盔等。还制作了溧水人民抗日斗争史料展板，展示了溧水人民在陈毅、粟裕、江渭清、王必成、谭震林等老一辈革命家领导下，发动民众，锄奸抗倭，开展游击战、持久战，进行艰苦卓绝的抗日游击战争的历史。展馆入口处敬立着老一辈革命家江渭清、王必成的塑像，展馆广场矗立着谭震林铜像。它们与地堡一起组成了体现全民抗战的系列教材，是溧水重要的爱国主义教育场所。

四　解放战争时期

抗战胜利后，国共两党之间的矛盾再次成为主要矛盾。1945 年 8 月至 1949 年 9 月，是国共两党再次发生破裂，由合作走向全面对抗的时期。这一时期，发生在南京的大事件主要有：一是周恩来率领的中共代表团为争取民主和平进行国共和平谈判。二是"五二〇"运动，这是一次具有划时代意义的学生运动，为建立中华人民共和国的解放战争

---

① 南京溧水将建李巷红色旅游主题村，美丽乡村同步开建（http：//life. jschina）。

开辟了第二条战线。三是 1949 年 4 月 23 日的南京解放,至此国民党统治中国 22 年的历史被推翻,揭开了历史的新篇章。

（一）国共和平谈判与梅园新村

1946 年 5 月 3 日,国民政府还都南京。同时,周恩来、董必武率中共代表团由重庆到南京。23 日,中共代表团南京办事处（11 月 19 日改为中共驻京办事处）100 多人进驻梅园新村 30 号、35 号、17 号,继续进行艰苦的停战谈判。当时对外称中共代表团为南京办事处,对内称中共中央南京局。梅园新村是中共代表团于 1946 年 5 月至 1947 年 3 月在南京与国民党政府进行和平谈判的居住和工作地方。梅园新村 17 号是中共代表团办事机构所在地,30 号是周恩来、邓颖超办公和居住的地方,35 号是董必武、李维汉、廖承志、钱瑛等办公和居住的地方。

中共代表团在梅园新村期间,除了与国民党谈判,还十分重视对外宣传以及对民主党派的统战工作。宣传和统战工作对国民党方面也起到了分化瓦解的作用。代表团担负起了恢复组织关系、发展群众运动的重要作用。许多因历史原因失去组织联系的人,也来到梅园新村或是新华日报社,接上组织关系。

（二）五二〇运动与南京五二〇广场

国共谈判破裂后,南京和平民主运动出现了新的高潮。南京的学生、工人、知识分子、各民主党派人士及其他阶层广大人民,在中国共产党的领导下,为争取和平民主,在各条战线上展开了波澜壮阔的斗争。南京作为国民政府的首都,直接威胁着国民党的统治,在这里开展的和平民主运动,有力地支持了中国共产党第二条战线的发展,推动了整个国统区民主运动的蓬勃开展。

随着内战的加剧,南京与许多城市一样,物价飞涨,人们在饥饿与死亡线上挣扎,由此爆发了著名的五二〇运动。1947 年 5 月 20 日,南京爆发了由中共地下党领导的、中央大学进步学生为主力,以"反饥饿、反内战、反迫害"为口号的五二〇运动,举行示威大游行,到国民大会堂（现南京人民大会堂）向正在召开的国民参议会请愿,与武装宪兵和警察发生冲突,遭到国民党军警用带钉木棍的毒打和消防车水龙头的猛烈冲射,重伤 19 人,轻伤百余人,28 人被捕,造成震惊国内外的"五二〇惨案"。此后,"反饥饿、反内战、反迫害"的学生运动风暴席卷全国，各地学生纷起响应。到 6 月 4 日，全国共有 20 个省的数十万学生罢课，参加游行的学生近 10 万人次。

（三）南京解放遗迹

主要有革命烈士纪念碑（浦口）、南京渡江胜利纪念馆和南京解放标志地——总统府等。4 月 21 日，中国人民革命军事委员会主席毛泽东、中国人民解放军总司令朱德发布《向全国进军的命令》，要求全体解放军将士："奋勇前进，坚决、彻底、干净、全部地歼灭中国境内一切敢于抵抗的国民党反动派，解放全国人民，保卫中国领土主权的独立和完整。"① 人民解放军二野、三野共 120 万大军在总前委的统一指挥下，发起了史无前例的渡江战役。在广大江南民众及群众游击武装的大力支援下，在西起江西湖门、东至江苏江阴长达千余里的茫茫江面上，以木帆船为主要航渡工具，分西、中、东三路进发，一举突破国民党军队苦心经营了三个多月的长江防线。东、中、西三路大军均已渡过长江后，沿江固守的国民党军队纷纷溃败，解放军展开了全线追击，对国民党军实行分割围歼。

1949 年 4 月 23 日午夜时分，解放军强渡长江成功后立即进入南京市区，宣告南京全城解放。4 月 24 日凌晨，作为解放南京第一梯队率先渡江的第三野战军第 7 兵团第 35 军第 104 师第 312 团，率先穿过挹江门，到达鼓楼广场一带。先头部队特务连指战员很快就与起义警察接上了头，由他们带路顺中山路直向总统府及附近重要机关奔去。104 师进城后，迅速占领了国民党"总统府"。当解放军战士冲进大门时，敌人早已逃之一空，偌大的总统府大院里空空荡荡，遍地狼藉，乱七八糟地散落着文件和纸片，焚烧后的灰堆中还不时冒着缕缕青烟。冲进总统府的解放军指战员，登上蒋介石的办公大楼——"子超楼"时，只见室内文件、表册散落满地，办公桌上的台历才翻到"四月二十二日"。当时的管玉泉营长等回到门口院子时天已见亮，又在俘虏卫兵的引领下登上总统府门楼，看到旗杆上挂着国民党的青天白日满地红旗，就换上了一面营队冲锋时用的红旗，此时已是上午 8 时。总统府门楼上高扬的红旗，宣告了国民党政府的崩溃，预示着一个崭新中国的诞生，历史从

---

① 南京市档案馆编：《解放南京》，江苏古籍出版社 1990 年版，第 83 页。

此翻开了新的一页。人民解放军占领总统府的时间是 4 月 24 日凌晨，但进入南京城的时间是 4 月 23 日深夜，所以就将 1949 年 4 月 23 日定为南京解放纪念日。

为纪念在渡江战役中牺牲的指战员，1957 年在江浦县凤凰山建立了革命烈士纪念碑。1999 年，在求雨山山顶重建纪念碑。1984 年 4 月 23 日，建立南京渡江胜利纪念馆，位于南京市三汊河河口——长江与秦淮河的交汇处，由展馆、渡江战役五前委群雕、渡江胜利广场三部分组成。

第二节　红色文化资源保护利用现状

南京红色资源丰富，与自然资源、历史文化资源有机融合为一体。这些红色文化资源浓缩了中国历史大转折波澜壮阔的历程，展现了革命先烈为民族独立、国家富强所付出的英勇牺牲与不懈努力，具有重要的历史见证价值、文明传承价值和思想教育价值，成为南京这座城市弥足珍贵的精神财富。[1] 建设"强富美高"新南京，需要强大的精神支撑。系统梳理分析南京红色文化资源，挖掘整合雨花台烈士陵园、中共代表团梅园新村纪念馆、渡江胜利纪念馆、八路军驻京办事处旧址、地方抗日民主政府旧址等红色文化资源，有利于利用好、传承好和发扬好红色文化。南京市委市政府利用红色资源推进城市文化建设，推动南京社会经济发展取得了显著的成效，表现在以下方面。

一　主要成效

一是注重红色资源的整理保护。党史部门经过多年的整理研究，编纂和创作了一批南京红色文化精品佳作。这些成果对中国新民主主义革命时期，在中国共产党的领导下，南京人民英勇斗争的历史进行了比较全面和细致的调查了解，基本厘清了中共南京地方组织和党组织在南京

---

① 郑晋鸣等：《弘扬雨花英烈精神　用好用活党史资源》，《光明日报》2015 年 11 月 15 日。

组织开展的重要革命运动方面的情况，保存了丰富的历史资料。同时，丰富了群众的文化生活，产生了良好的社会效益，增强了南京红色文化的感染力、渗透力和影响力，弘扬了先进文化。

二是利用红色文化育人工作取得长足发展。南京共有反映中共革命历史的雨花台烈士陵园、梅园新村、新四军一支队司令部旧址、渡江胜利纪念馆等20多所（处）区级以上的红色文化和相关纪念场所，以及近150处革命遗址和大量的红色史料资源。[1] 利用革命遗址、遗迹、博物馆、纪念馆、烈士纪念建筑物作为爱国主义教育基地、国防教育基地、党性教育基地、群众路线实践教育基地，充分利用其中的爱国主义和革命传统精神，发挥其在教育中不可替代的独特作用，通过清明节、"七一"建党节、"八一"建军节等节日，开展党建活动，利用红色文化资源开展资政育人工作。

三是注重红色资源在旅游业发展中的作用。南京红色文化优势突出，开发利用价值较高。南京市在红色文化资源的利用上，注重保护和开发相统一。一方面，市文物博物馆等部门对部分革命遗址遗迹进行文物保护申报；另一方面，组织制定针对重要红色文化资源的保护规划和维修方案，推动南京红色旅游和社会经济的发展。随着立体化交通网络的加快构建，作为区域性交通枢纽城市的南京，红色旅游资源开发将进入一个更新、更高的发展层次。

二　薄弱环节

南京红色文化资源丰富，在红色文化建设方面有着良好的基础，但也存在薄弱环节。南京红色文化资源的研究和开发利用，有较大的提升空间。

一是体制机制不畅，存在条块分割、多头管理的问题。红色文化资源所有权、管理权和经营权未有效分离，缺乏多渠道的资金投入。区域、部门之间的协调统筹不足，红色文化资源研究、管理、保护、利用的各个环节没有形成一个系统工程，宣传推介多头分散、合力不够，整

---

[1]　郑晋鸣等：《弘扬雨花英烈精神　用好用活党史资源》，《光明日报》2015年11月15日。

体形象不够聚焦。

二是开发利用层次较低。南京现有的革命遗址遗迹主要以陈列、塑像、烈士陵园、烈士墓、烈士纪念碑等为表现载体。对历史事件和历史人物的深层次挖掘不够，文化资源的展示、教育功能不完善，形式过于单调，缺乏影响力、震撼力和吸引力。

三是红色文化资源保护开发不平衡。有的优质资源过度利用，商业味过浓，有的文化资源废弃闲置，郊区红色资源的保护开发相对较差。红色文化资源利用碎片化，纪念设施分散，创意不足，未形成应有的规模优势。

四是红色旅游品牌建设不足。红色旅游品牌塑造与推广不够，红色旅游功能拓宽力度不足。红色文化专题线路类旅游产品数量较少，缺少品牌红色文化旅游专线，旅游产品形式单一，以观光类为主，体验、互动类旅游产品偏少。缺少寓教于游、寓教于乐和让观众参与的活动，吸引力较差。

第三节　红色文化的特质功能

雨花英烈精神是南京红色文化的核心和集中代表。这里主要阐述雨花英烈精神的主要特质。雨花台是中国革命先烈最集中的殉难地，安息着新民主主义革命时期牺牲的成千上万名中国共产党人和爱国志士，其中找到确切姓名的就有 2401 人。他们平均年龄不足 30 岁。在血雨腥风的黑暗时代，雨花台的革命先烈为了革命理想而勇于献身。他们义无反顾、前赴后继，用年轻的生命谱写了一曲曲惊天动地的英雄赞歌，铸就了永垂不朽的丰碑。雨花英烈精神集中体现为为民牺牲的大无畏精神，为民牺牲的背后是高尚的道德情操以及崇高的理想信念，即理想信念、信仰、灵魂的最高层面。

一　主要特质

雨花英烈精神的特质，主要体现在以下三个方面。

一是坚定的理想信念。雨花英烈精神最核心的是"为理想而献身"

的精神。这一点最突出、最独特，也是我们今天社会所缺乏的。他们用生命告诉我们什么是信仰。雨花先烈们表现出了坚定的共产主义理想和信念。为了共产主义事业，他们顶住各种威逼利诱和严刑拷打，不惜牺牲自己。现代工人运动开创者，牺牲于南京雨花台的邓中夏烈士，被捕后这样说："请告诉同志们，我邓中夏就是烧成灰，也是共产党人！"中国共产党早期的领袖恽代英，在狱中留下了"已摈忧患寻常事，留得豪情作楚囚"的不朽诗句。为了解救处于水深火热中的劳苦大众，雨花先烈们毫不犹豫地投身到革命洪流中，用生命和奉献为新中国的诞生铺平了前进的道路。①

二是高尚的道德情操。雨花革命先烈有着崇高的道德风范。他们大多出身富裕家庭、家境殷实，受过良好教育，处于社会上层。为了救国救民，他们放弃了这一切，充分体现了共产党人的无私奉献精神。如任天石烈士为革命毅然放弃收入丰厚的工作，弃医从戎加入了中国共产党。他说："做个医生，只能救命；若要救民，必须救国。"雨花台烈士中还有一个出身黄埔军校的特殊群体。如金佛庄烈士，1922 年加入中国共产党，黄埔军校一期第三学生队上尉队长。当时蒋介石颇为赏识他的才华，暗示只要脱离共产党，即可予以重用，但他不为所动，对党忠贞不二。1926 年 12 月，刚任国民革命军总司令部警卫团少将团长的金佛庄，因从事革命活动在南京被捕遇害。面对荣华富贵，雨花英烈们洁身自好，不为利惑，俭以奉公，在利益面前的取舍与抉择展示了共产党人崇高的道德情操。②

三是可贵的民族气节。雨花英烈精神还应包括为国家民族不惜牺牲生命的大无畏精神。雨花台是革命烈士的殉难地，在这里牺牲的烈士是为国家的独立、为人民的民主权利和自由、幸福而捐躯的。他们做到了舍生取义。雨花英烈对理想信念虔诚而执着，至信而深厚，背后是雨花英烈对国家和民族责任的担当。有担当才敢于为国家和人民牺牲，矢志兴邦。中国共产党的产生本身就体现了一种国家担当、人民担当、人类担当。这种价值取向在中国共产党人身上，尤其是雨花英烈身上也体现

---

① 顾雷鸣、郁芬：《英烈精神就是最好的营养剂》，《新华日报》2013 年 8 月 2 日。
② 宋广玉：《雨花英烈精神是今人最好的"营养剂"》，《南京日报》2016 年 4 月 13 日。

得淋漓尽致。牺牲于雨花台的陈原道烈士说，"身可杀，爱国热血不可消；头可断，救国苦衷不可灭"。曾担任共青团南京市委书记的史砚芬临刑前留下遗言说，"我的死，是为着社会、国家和人类的，是光荣的，是必要的。我死后，有我万千同志，他们能踏着我的血迹奋斗前进，我们的革命事业必底于成"，生动地体现了对党的事业忠诚。雨花英烈精神表明：以天下苍生幸福为念，始终把国家人民放在心中最高位置，就能排除私心杂念，不计较个人得失，为伟大而崇高的事业义无反顾、一往无前。①

雨花先烈们坚定的理想和信念，是我们今天要弘扬的核心价值观的集中体现。这种信仰应该世代传承下去。当今中国社会，面临一定的信仰危机。因此，需要重塑民众认同的价值观，凝聚思想的力量，用正确的思想引导我们的行为。

二　主要功能

南京红色文化资源承载着丰富的红色文化内涵，对这些红色文化资源的保护、挖掘和开发，充分发挥其德育与经济价值的双重功能，有利于将静态的红色文化资源变成动态的精神财富和物质财富。红色文化在建设新南京中的功能作用，主要体现在以下几个方面。

一是凝练城市精神的重要源泉。城市精神是文明素养和道德理想的综合反映，是市民认同的精神价值与共同追求。南京作为红色文化浸染的热土，涌现出了许多先进典型和人物。红色文化所形成的价值认同和精神品格已成为南京城市精神的重要源泉。南京红色文化包含的精神品质可将全市人民凝聚到迈上新台阶，建设新南京的发展进程中。

二是开展爱国主义教育的重要资源。红色文化凝结的宝贵精神财富承载着深厚的爱国主义情怀，是开展爱国主义教育的重要资源。南京有丰富的革命历史类纪念设施、遗址和全国爱国主义教育示范基地，应充分发挥其教育作用。利用展览、展示、教学、培训、旅游等各种方式感受共产党员当年的奋斗历程，感悟先烈们无私奉献、不畏牺牲的崇高精神，教育人们形成高尚的道德情操。

---

①　王燕文：《共产党人要有牺牲精神》，《人民日报》2016 年 6 月 28 日。

　　三是助推文化发展的重要动力。发展文化产业是调整产业结构、转变经济发展方式的重要杠杆，也是市场经济体制下满足人们多样化精神需求的重要手段。红色文化影响着人们的思想和认识，调节着社会精神生产和引导着公众舆论，是发展红色文化产业的基础。南京的红色文化资源不仅体现了地方特有的文化气质，而且也是开发和挖掘文化产业的重要资源。①

　　四是提升城市形象的重要软实力。文化是软实力的核心要素。红色文化是社会主义先进文化的重要组成部分，是社会主义核心价值观的重要内容。红色文化在社会经济建设中有助于社会公平、正义的实现，有助于道德体系的重构，有助于社会的稳定、有序、和谐。南京红色文化是教育和影响人们思想品格的重要源泉，是城市建设的隐性力量，是彰显城市魅力和提升城市形象的重要软实力。应充分认识雨花英烈精神在中国革命与建设中的地位，发挥其应有的功能。

第四节　红色文化建设的思路举措

　　雨花英烈是为创立中华人民共和国英勇献身的革命先烈的一个特殊群体，是中国共产党人为民族独立、人民幸福牺牲的光辉典范。应充分研究雨花英烈精神的地位和历史作用，提升其在中国红色文化中的影响力。要以雨花英烈精神为切入点，对雨花英烈进行全面、系统、深入的研究，深入挖掘雨花英烈精神的丰富内涵、历史地位及时代价值，进一步提升雨花英烈精神在全国的知名度与影响力。

一　打造理想信念教育基地，让红魂基因落地生根

（一）统合红色文化资源保护利用的推进机制

　　建立市级层面的领导机构，负责红色文化资源保护利用的总体设计、统筹协调、整体推进、督促落实，形成强有力的组织推进机制。加强对全市红色文化资源开发利用的宏观管理，改变画地为牢、各自为政

---

　　①　姜仕华：《红色文化在建设文化强市中的作用》，《理论观察》2012年12月20日。

的资源分割现状。建立以区为责任主体的大片区、大门类红色文化资源统筹保护利用机构，构建主体明确、责权利统一的保护利用机制，解决红色文化资源保护利用中主体众多、职能交叉、碎片开发的问题。把重大项目作为红色文化资源整体保护利用的抓手。在项目运作的过程中，统一、协调不同管理系统和职能部门的关系和作用，厘清不同红色文化资源的权属关系。统一制定红色文化资源的整体保护利用管理规划，充分发挥红色文化资源的综合优势和整体价值。

（二）高规格建设国家级党政干部教育培训基地

高标准规划和建设红色文化纪念场馆。一是建立国内第一座中国共产党白区工作纪念馆。雨花英烈大多工作在隐蔽战线上，他们临危不惧，忠于组织，多次挽救革命，在白区的隐蔽斗争取得了巨大的成就。但目前在全国没有一座系统反映中共白区工作斗争的纪念馆。因此，南京充分利用雨花英烈红色文化资源的独特优势，建立了国内第一座中国共产党白区工作纪念馆。二是高起点打造苏南抗日根据地领导中心纪念地。修复和保护好以溧水李巷为代表的新四军抗战遗迹遗址。科学合理、因地制宜地打造红色文化景观，避免简单化、程式化，防止对红色文化资源及周边环境的破坏。

（三）推动红色纪念场馆建设提档升级

提升展览馆的技术水平，利用数字化等方式，对战争遗迹等进行场景再现，使参观者有身临其境的感觉，增强教育意义。此外，加强红色文化教育基地讲解员的专业培训，实现宣教人员由讲解员向教育者的角色转变，进一步发挥红色文化教育基地资政育人的作用。

二 培育和践行红色文化，让红色文化薪火相传

（一）加强基础史料挖掘整理

面向全国开展相关史料和文物征集工作，抢救挖掘口述史料，进行全面、系统、深入的研究。依托全国有影响的研究机构及雨花英烈研究会、南京中共党史学会等学术团体，深入研究红色文化。组织专业人员深入调研，通过细致全面的调查了解，丰富题材，整理形成系统的文字、图片资料。

（二）积极开展党性教育主题实践活动

把红色文化建设融入各级党组织和党员干部群众的日常工作生活。积极组织雨花英烈故事分享会等红色文化进机关、进学校、进企业、进军营、进社区、进乡村"六进六送"活动。邀请名家，举办各种类型的红色文化讲座，弘扬红色文化。

（三）积极创作推广红色文化文学影视作品

推出雨花英烈系列文学作品。抓住中华人民共和国成立68周年、南京大屠杀死难者80周年祭等重要契机，推出以红色文化为题材的影视和文艺作品等。推动作家、戏曲家、剧作家根据南京的红色题材创作具有影响力和高品位的影视文学艺术作品。积极打造红色文化精品，提炼与升华其中的红色精神，不断创新艺术形式，寓教于乐，增强感染力和吸引力。开展红色作品品读活动，提升南京红色文化的社会影响力。

三　彰显红色文化特色，让红色旅游形成品牌

（一）加快红色文化和旅游的融合

把红色文化和生态文化、农业文化、休闲度假旅游等有机结合，增强红色文化资源开发的吸引力。通过对旅游资源的整合，连点成片，形成具有一定规模、一定品牌、具有国内较高知名度的旅游景区。提升和丰富红色文化的内涵，提高红色旅游的观赏性，使参观者在娱乐休闲中接受革命传统教育，体验南京特有的文化韵味，实现文化与经济的良性互动。在做好红色文化遗产保护的基础上，突出机制创新，通过项目建设、文博展馆演绎、文旅产品开发等，加快红色文化和旅游的融合，构建具有历史纵深感的红色文化遗产体系。

（二）打造红色旅游专线

在红色景点、研究人才和资金投入等方面，串联全市红色景点，加强红色文化资源基础设施建设，健全交通网络，形成主城、郊区红色旅游专线。整合雨花台烈士陵园、中共代表团梅园新村纪念馆、渡江胜利纪念馆、八路军驻京办事处旧址、地方抗日民主政府旧址等红色文化资源，开展以南京主城区为重点的"红色名城游"。推进以溧水白马镇李巷为重点的"红色名镇游"。推进美丽乡村和红色旅游融合发展，建设李巷红色旅游主题村，结合红色文化、传统文化、现代农业、美丽乡村

建设，配合生态旅游、历史文化旅游和民俗文化旅游，寓教于游，深度推动"城乡互游"，提升整体效能。把红色基地精品路线建成党员干部接受廉政教育和革命传统教育的生动课堂。

（三）创新提升活化利用红色文化遗产的方式方法

综合运用多种表现手法，借助数字、网络等多媒体手段，充分解读红色文化遗产的历史信息和文化内涵，生动诠释红色文化，注重红色文化的展示和体验，实现从单一的爱国主义教育基地向纪念性文化公园的转型。加大红色旅游纪念品、红色文化产品的开发力度，更好地发挥红色资源育人功能，放大红色影响力，壮大红色生产力。

（四）塑造、推介定位精准、广泛认同、易于传播的红色文化形象品牌

采取文化旅游、影视传播、手绘连环画等多种方式，宣传介绍南京的红色文化，形成特色和亮点，全面真实地呈现历史文化的有序传承。积极利用新媒体弘扬红色文化。发展网络红色文艺，再现英烈们的感人故事，广泛传承红色文化。

四　健全保障机制，让红色文化建设得到强力支撑

（一）完善红色文化资源保护利用投入机制

增加对红色文化发展的财政经费投入，建立南京红色文化资源开发利用和保护专项基金，做到专款专用，为红色文化纪念馆的正常运转提供经费保障。通过红色文化发展招商引资项目和出台一系列优惠激励政策，广泛吸引多种社会资本，充分调动社会力量，共同参与南京红色文化建设。建立健全老党员关爱保障机制，对农村老党员及模范共产党员进行奖励。资助红色文化演出、爱国主义教育、红色文化教育等公益活动。

（二）健全红色文化教育培训与传播机制

定期举办红色文化培训班，对全市党员干部进行广泛培训；在中小学校开设红色讲堂，让红色文化深入人心，代代相传。建立红色文化传播机制。加大宣传普及范围，营造浓厚的红色文化氛围，让红色文化渗透到群众生活。创新整体宣传营销模式，建立大宣传机制，全面整合宣传、文化、广电、旅游等部门，对南京红色文化进行整体包装，一体宣传。

（三）建立红色文化预警与评估机制

建立管理动态信息系统和监测预警系统，将文化遗产保护事后处理的方式转变为事前预防的保护方式。建立社会性文化遗产地方监督员制度，引入立法跟踪评估制度，对红色文化遗产的保护状况进行考察评估。

（四）构建红色文化法律保护机制

制定相关的法规、条例，如《革命文物保护条例》《革命烈士褒扬条例》等。通过立法，使烈士纪念建筑物的管理保护有法可依，为革命遗产保护提供有效的法制保障。

总之，南京在中国近现代史上饱尝忧患，地位特殊。南京是中国共产党人开展新民主主义革命的重要前哨，是中共很多早期领导人奋斗过的地方，是洒满革命烈士鲜血的地方，是许多震惊中外进步运动的发生地，是中共为争取和平民主与国民党合作谈判的重要地点，是人民解放军渡江战役全面胜利的见证地。南京在革命战争年代遗留下来的大量红色文化资源，内容丰富，类型多样，具有独特优势，为南京深入开展爱国主义教育、弘扬民族精神提供了宝贵的资源和生动的教材。要以发掘和弘扬雨花英烈精神为龙头，充分研究雨花英烈精神的地位和历史作用，积极发挥红色资源的价值引领功能、精神激励功能、实践动力功能，把南京红色资源利用好，把红色基因传承好，把红色传统发扬好，进一步提升雨花英烈精神在中国红色文化中的知名度与影响力。

第六章

和平文化与国际和平之城建设

文化与战争、和平有着天然的联系，不同文化传统中有着丰富的战争文化与和平文化的理念。和平文化是具有多元价值的概念，不仅限定在文化层面，而且涉及政治、经济、安全、社会等各个领域，具有理论性与应用性的双重特点。和平文化研究主要探讨文化对于战争或和平会产生何种作用，了解文化与战争、和平的关系，分析文化的多元化对战争与和平的影响等，以便从文化的角度寻找防止战争和促进和平的途径。和平文化研究可以更充分地表达人们对和平的追求与渴望，体现人们的价值观走向。和平文化研究是新兴的引人注目的研究领域。近年来，国际上和平文化研究悄然兴起，随着和平文化运动的开展，铲除战争和暴力文化、建设和平文化已成为和平文化研究的两个基本目标。目前，和平文化研究已和经济社会发展、教育问题、妇女儿童问题等结合在一起。这不但对世界和平文化建设实践具有指导意义，而且将对社会人文科学和其他科学领域产生不可低估的影响。[1] 研究和平文化是传承和升华中国传统文化的需要，对于构建和谐社会也具有重要的意义。

南京具有丰富而独特的和平文化资源。南京是第二次世界大战中的四大殉难城市之一。南京城和南京人民经受了巨大的灾难，所以南京人民更懂得和平的珍贵。博爱、儒雅的传统和平文化，在南京市民精神中得到了具体的体现和升华。此外，日军在南京受降，南京也是胜利之都。这是以和平理念指导和平南京建设的地域背景。和平文化建设已逐渐成为南京发展的特色，南京在和平教育、和平研究、和平交流、和平

---

① 陆岩：《试析当代西方文化思潮主流思想及其走势》，《理论探讨》2006 年第 7 期。

活动等方面走在国内前列。今天，在构建国际文化名城的进程中，南京有条件和理由去继承和发扬，兼收并蓄，以和平文化的理念来指导和平南京的建设，构建社会主义和谐社会。① 在"国际化现代性人文绿都"建设中，南京应培育和张扬南京人民热爱和平、追求和平的精神，加强南京国际和平城市建设，提升城市国际影响力。

第一节　南京和平文化建设实践

自 21 世纪初，南京就开始进行和平创建活动。和平文化建设已逐渐成为南京发展的特色：南京国际和平研究所、南京大学和平研究中心、南京大屠杀与国际和平研究院等机构的设立以及"和平南京网"的正式开通，为南京和平文化的研究和传播搭建了新的平台；由南京出版社出版的和平文化丛书，在国内出版界占有了重要一席；举行南京国际和平集会、南京国际和平法会，组织和平巡游以及创建和平社区等活动的开展，不仅进一步提升了市民的和平理念，而且极大地激发了南京人民热爱和平、建设南京的热忱。② 同时，国家公祭日的设立，南京成功加入国际和平城市协会，为南京建设国际和平城市提供了新契机。

一　国家公祭日提供了新平台

南京是国家公祭日的举办地，也是南京大屠杀事件的见证地，这为南京公共外交提供了新平台，为构建国际和平城市提供了新契机。大国的崛起和发展离不开"大外交"，一个城市的发展同样离不开公共外交。国家公祭日的设立，有利于加强南京市的公共外交，促进世界对南京的全面正确了解，改善和维护南京发展的国际环境。南京市政府可以借助国家公祭日，积极开展公共外交，通过新闻媒体、文化交流、贸易往来等各种正式及非正式手段制造舆论，影响其他国家民众，提升南京

---

① 朱成山、赵德兴、陈俊峰、付启元、袁志秀、朱天乐：《南京构建国际和平城市研究》，《南京社会科学》2007 年第 1 期。

② 蔡玉高等：《南京向国际和平城市迈进》，2013 年 9 月 25 日，新华网。

的国际和平城市形象。构建国际和平城市，对于阐释中国和平发展理念和实践具有不可替代的地位和作用，也为南京走向世界提供了新机遇，必将进一步提升南京城市的国际影响力，更好地推进"现代化国际性人文绿都"的建设。①

二　和平文化设施建设有一定的基础

南京是一个历史文化丰厚的城市，文化遗址众多。自20世纪80年代起已经相继建立了一批博物馆、纪念馆和纪念碑等文化标志性建筑。就反映和平文化的硬件建设来看，也取得有一定的成绩，如和平广场、和平公园等一批设施的建设；以"南京大屠杀"为题材的侵华日军南京大屠杀遇难同胞纪念馆，以及分别在五台山、清凉山、北极阁等地建立的17处南京大屠杀遇难同胞纪念碑，以及孙中山纪念馆、《南京条约》纪念馆、郑和下西洋纪念馆、抗日航空烈士墓和纪念碑等。尽管这些硬件建设与展现南京的丰富历史文化的现实需要来说，有明显的差距，但毕竟有了一定的基础，差距也为我们进一步发展留下了广阔的空间。②

三　和平研究不断深化

和平研究是做好和平教育、普及和平文化的基础和重要前提。目前和平学在发达国家已经很盛行了，和平已不再仅仅局限于战争与和平的范畴，它的外延已经拓展至18个子课题，诸如和平与环境、和平与反恐怖、和平与人权、和平与妇女儿童权益等。近年来，南京在和平研究方面做了一些开拓性工作。

（一）搭建和平文化研究和传播平台

2001年，南京大学历史系世界史学科与考文垂大学和平与和解研究中心建立长期合作研究关系，在中国高校内第一个建立和平研究中心以及和平学学科。2003年9月，"南京国际和平研究所"在南京成立，

---

① 叶南客、付启元：《创建"国际和平城市"　提升南京国际影响力》，《南京日报》2017年4月20日。

② 朱成山、赵德兴、陈俊峰、付启元、袁志秀、朱天乐：《南京构建国际和平城市研究》，《南京社会科学》2007年第1期。

它是中国较早成立的具有鲜明特色与个性的和平研究机构。该所主要从事和平学的研究、教育和交流活动。英、法、美、德、新等国知名大学及北京大学、中国社会科学院、长崎和平研究所等国内外高校、研究所的 40 多位著名专家学者，成为首批特邀研究员。和平研究机构的建立，为和平学的研究、和平文化的传播和学术交流奠定了良好的基础。2016年，省级重要智库南京大屠杀与国际和平研究院成立，为南京大屠杀与和平研究提供了新平台，在和平学的研究、传播和学术交流等方面，发挥了重要的作用。

（二）和平学研究成果显著

客观地讲，在世界范围内南京开展和平学研究的时间比较晚，但从国内来看，南京已率先进入了这个领域。为了使更多的人了解和平学研究状况和国际学术动态，南京组织力量翻译出版国外一些有价值的学术著作和教材。这些书均由南京出版社出版，从目前情况看，这套和平文化丛书在国内出版界独占一席。[①]

四　和平文化交流日益广泛

和平没有国界，和平是不同国家和民族建立友好关系的基础。近年来，南京作为国际和平城市的形象正在显现。南京是一个爱好和平的城市，迄今为止，已与世界上 12 个国家的 12 个城市建立了友好城市的关系，并开展了多方面的交流和合作。就和平文化交流而言，南京的国际影响也在不断扩大。如侵华日军南京大屠杀遇难同胞纪念馆已与美国、法国、日本等近 10 个博物馆建立了和平与友好馆际关系。

（一）走出国门举办展览

先后在美国旧金山、丹麦奥尔胡斯、日本大阪等 30 多座国外城市举办了展览、证人证言集会及和平交流活动，吸引了国外各界人士达30 多万人次参与，成为国际和平交流的重要场所和载体。

（二）推进和平团体交流

曾赴日和平友好交流团在日本东京、名古屋等 9 个城市，与日本日

---

① 朱成山：《〈为未来讴歌〉构建连接历史与和平的桥梁》（http：//blog. sina. com. cn/s/blog_ 65746cb60100jxiu. html）。

中协会、南京大屠杀60周年大阪实行委员会等10多个日本民间进步团体，进行了广泛的和平交流。此外，日本各种民间和平团体来宁进行和平交流。如"和平之船"两次来南京与南京青年进行和平交流。

（三）举办国际和平论坛

举办历史认知与东亚和平论坛、南京青年国际和平论坛、南京国际和平论坛等。2002年3月，在南京举办首届"历史认知与东亚和平论坛"，中、日、韩三国的38所学校、17个研究所、17个市民运动团体的118名知名教授、研究员和市民运动代表与会，围绕日本历史教科书等问题开展学术交流和研讨。该论坛产生了持续效应，2003年2月在日本东京、2004年8月在韩国首尔、2005年12月在中国北京、2006年11月在日本京都连续举办，成为中、日、韩三国每年举办的一个持续国际和平论坛。此外，南京国际和平研究所与南京市青年联合会一起，共同举办了青年国际和平论坛，吸引了来自世界五大洲的青年热情参与。①

五　和平教育首开先河

近年来，在社会各界的共同努力下，南京的和平教育开始起步与发展。和平教育进社区，走进大学课堂，这在全国范围内首开先河。从2003年开始，南京的和平教育开始进入大学课堂以及市民学堂，国内外著名的和平学专家在南京的许多高校做了多场关于和平学的专题报告，场场报告受到师生和市民的欢迎和强烈共鸣。这不但标志着南京的和平教育有了良好的开端，也展示出南京的和平教育从开始就进入普及与提高相结合的健康轨道。②

市民和平理念进一步升华。每年12月13日，南京都要举行集会，悼念30万遇难同胞，同时发表《和平宣言》。在对遇难同胞表示哀悼的同时，增加了和平文化传播和对现实世界和平问题高度关注的内容，说明南京人民的和平理念在不断升华。在此意义上讲，"12·13"纪念

---

① 朱成山：《〈为未来讴歌〉构建连接历史与和平的桥梁》（http://blog.sina.com.cn/s/blog_65746cb60100jxiu.html）。

② 朱成山、赵德兴、陈俊峰、付启元、袁志秀、朱天乐：《南京构建国际和平城市研究》，《南京社会科学》2007年第1期。

日已经具有了追求人类和平、传播和平文化的世界性意义。《和平宣言》不但一再旗帜鲜明地表达了南京人民对历史的认知立场，体现了南京人民热爱和平、追求和平的精神，也间接反映了南京人民对和平的理性把握与和平学术研究的进程和水准。[①]

六　和平活动方兴未艾

和平是一种价值诉求，也是一种价值建构，和平需要行动。和平城市的构建离不开一系列活动作为载体。进入 21 世纪以来，和平活动已成为广大市民的自觉行动。和平教育、和平研究、和平活动三位一体，形成了一股创建国际和平城市的强大驱动力。南京举行的一系列和平活动在全国具有领先的地位。

（一）南京国际和平集会

自 1994 年 12 月 13 日起，每年举办悼念南京大屠杀遇难同胞仪式，全城拉响警报，放飞和平鸽。自 2002 年 12 月 13 日起，每年举行社会各界人士和国际人士共同参加的和平集会。

（二）南京国际和平法会

从 2003 年 12 月 13 日起，多次举办由侵华日军南京大屠杀遇难同胞纪念馆组织，日本京都真宗大谷派东本愿寺部分僧人、南京毗卢寺僧人和部分南京大屠杀遇难者遗属共同参加的悼念南京大屠杀遇难者祈祷世界和平法会。[②]

（三）南京和平鸽艺术团

"和平鸽"艺术团是由侵华日军南京大屠杀遇难同胞纪念馆和南京市建邺区文化局共同策划筹建的民间文艺团体。"和平鸽"艺术团本着颂扬世界和平、促进共同发展、加强文化交流的精神，积极参加国内外的和平交流活动，进一步传递南京人民热爱世界和平的心声。

（四）和平社区建设活动

如果说"战争不在场"属于"消极和平"的范畴，和平社区的创

---

① 朱成山、赵德兴、陈俊峰、付启元、袁志秀、朱天乐：《南京构建国际和平城市研究》，《南京社会科学》2007 年第 1 期。

② 同上。

建活动无疑是属于"积极和平"的。建设和平社区，构建和谐社会，无疑是和平文化的核心和最终价值目标。南京人民正在为此而进行着不懈的努力。

综上所述，无论是从南京历史文化传承，还是从当今文化建设的创新来看，南京构建国际和平城市的条件和优势十分明显。

第二节　加强和平文化建设，提升和平城市新形象

南京应以国家公祭为统揽，以平台构建为抓手，以机制建设为支撑，以交流传播为路径，重点加强"和平组织、和平学术、和平理念、和平活动、和平价值、和平遗址"等建设，使南京国际和平城市形象在世界上获得广泛认同。做好顶层设计，加强与国际知名同类组织的合作交流，积极参与国际和平事务。争取加入国际和平城市联盟，持续推进申报联合国教科文组织国际和平研究二类中心，在和平研究与国际传播方面抢占制高点。在国际和国内两个方面，广泛深入持久地开展和平教育，重点做好和平教育进入校园、社区、社会。通过开展有国际影响力的和平主题活动，进一步彰显"国际和平城市"的影响力。

一　深化和平学研究，为构建国际和平城市提供智力支持

（一）继承和发扬传统和平文化

利用中国传统和平思想资源来指导和平文化建设。中华民族悠久的华夏文明，积淀了丰厚的和平文化资源，如儒家的秩序和平论、墨家的行动和平论、道家取法自然的和平论等。自中华人民共和国成立以来，中国政府所倡导和坚持的和平共处五项原则，邓小平同志提出的和平崛起，胡锦涛同志在联合国成立60周年首脑会议上提出要建设持久和平、共同繁荣的和谐世界等现代和平文化思想，以及习近平总书记提出的人类命运共同体理念，既是传统和平文化的继承和发扬，也是新形势下和平建设的指导思想。

（二）整合和平研究力量

和平文化在我国源远流长，但和平文化研究一直是以分散的论述见

之于世。学术界可以成立一些相关的学术研究团体，以整合社会学术资源，加强对和平学的研究。这既可以为和平南京的构建提供有力的理论基础，又可以推动中国和平学的发展。① 可成立和平文化研究会，创办和平学专门期刊，定期召开和平学学术研讨会，邀请国外和平学专家来南京讲学，与国外开设和平学的高校联合培养和平学方面的人才等。

二　加强硬件设施建设，将和平文化理念融入城市建设

（一）围绕和平文化来规划城市建设和布局

在建筑风格街道、园区、景点命名等各个方面，坚持以和平文化为主题，集中体现和平文化特色，形成独特个性和比较优势。如建设南京国际和平博物馆、和平广场、和平学校、和平医院，以及以"和平"命名的道路、桥梁、河流等，为和平教育、和平交流等提供更多的载体和广阔的空间。② 选择具有代表性的树、花卉、鸟类等植物或动物，给予具有和平意义的命名，如来自日本的紫金草、丹麦的辛德贝格玫瑰等。

（二）加强主题遗址保护

进一步梳理、保护、利用城市空间有关战争与和平主题的遗址，重点加强对抗日战争遗址遗迹的保护，特别是加大南京大屠杀遇难同胞丛葬地立碑、修缮与环境整治工作力度，确定与提升文物保护级别。

三　构筑高端平台，拓宽南京国际和平城市建设渠道

（一）建立联合国教科文组织"国际和平问题研究中心"二类中心

南京大屠杀与国际和平研究院和其联合启动二类中心的筹备与申报工作。建成后的二类中心将在联合国教科文组织的体系框架下，进一步深化国际和平学研究，举办国际和平论坛，加强国际和平学海外传播，在国际和平领域争取更大的话语权。

（二）加入"国际和平城市"协会

以南京大屠杀与国际和平研究院和南京大学和平学研究所为申报

① 朱成山、赵德兴、陈俊峰、付启元、袁志秀、朱天乐：《南京构建国际和平城市研究》，《南京社会科学》2007年第1期。
② 叶南客：《让和平成为南京新名片》，《新华日报》2014年12月12日。

主体，以民间组织的方式申请南京加入国际和平城市协会，并积极开展世界和平城市研究，策划国际和平城市市长论坛，拓展与国际和平城市间的多层交流，提交和平倡议，逐步使南京在协会上发挥主导作用。

（三）创设紫金草国际和平基金

与全国友协、中国人权基金会等组织合作，创设紫金草国际和平基金，与国际著名同类基金会开展合作交流，积极参与国际和平事务，探索设立南京和平奖项目，拓宽南京国际和平城市建设交流渠道。

四　举办和平文化节庆活动，打造"和平文化"旅游品牌

（一）创办"南京国际和平文化节""和平文化交流周"等活动

充分发挥南京独一无二的和平文化资源优势，举办国际和平文化节，表达和平的主张，构建起对外沟通和交流的平台，加速推进南京与世界的全方位接轨。拓展友城交往内容。借助南京国际友城的渠道和资源，开展和平城市建设内容的交流；结合友城结交重要年份、大型展会以及城际高级别访问等机遇，推介南京国际和平城市的价值理念与发展现状。

（二）开展以"和平"为主题的和平文化专项人文旅游项目

整合和平文化旅游资源，以"和平文化旅游"为主线，以"和平文化"鲜明、独特的主题推出特色旅游产品。不仅利用南京大屠杀纪念馆、雨花台、清凉山、中华门、中山陵等标志性旅游景点作为"和平文化"旅游项目的吸引点，也可将南京国际和平集会、和平法会、和平巡游等作为旅游特色，实现旅游业的创新与发展。①

（三）塑造与推广和平文化旅游品牌

与中央电视台等媒体合作，全面推介和平文化旅游，提高和平文化旅游的知名度和美誉度，推进旅游国际化。充分发掘和平文化旅游资源，加强一系列蕴含和平意义的标志性建筑和标志性区域建设，使其成为传承和平文化的重要载体，打造和平文化旅游品牌。

---

① 叶南客：《让和平成为南京新名片》，《新华日报》2014 年 12 月 12 日。

五 加强传播能力建设，弘扬和平文化

（一）加强传播内容建设

充分利用南京和平资源，在国内外举办展览；创作和平主题歌曲、影视剧、动漫等文艺作品，不断增强注意力、吸引力、传播力；开展南京国际和平主题海报创作征集活动；创意制作和平主题文创纪念品，寓教于文。

（二）开展多元媒体传播

建立南京和平城市建设网站（页），开设并运用和平城市微信、微博等，与传统媒体构成媒体矩阵，传播南京和平城市形象与文化；构建"中央媒体＋地方媒体＋境外媒体"的传播组合方式，在中宣部的指导下积极开展合作传播，实施整合传播、精准传播策略，不断提升国际传播能力和水平。

（三）营造社会氛围

利用重要活动时间节点，统筹规划总体社会氛围的营造，利用广告牌、文化墙、户外大屏等载体，组织发布和平主题公益广告，营造和平城市建设的社会氛围。

第三节 南京与国际其他殉难城市和平文化建设之比较

20世纪30年代爆发的第二次世界大战，是迄今为止人类历史上规模空前、伤亡最惨重、造成破坏最大的全球性战争，对人类产生了重大而深刻的影响。战争所带来的血腥杀戮，所造成的巨大破坏，长久地反映在战后人类社会生活的各个方面。战争对城市及人类文明的破坏状况影响着未来城市的建设，改变着人们对生命、生活、人权、自由的反思。南京作为在日本侵华战争中一座深受其害的城市，30万以上的无辜平民及已经放下武器的士兵惨遭日军虐杀，三分之一的城市建筑被野蛮焚毁，两万多名妇女及女童被强奸、轮奸，大量财物被掠夺，南京与英国的考文垂、日本的广岛以及德国的德累斯顿并称为二战中的四大

"殉难城"。如今看来，不管曾经是加害者，还是受害者，留给他们及其后代的记忆都写满了悲痛。"战争意味着骨肉生死离别，意味着一切美好事物的终结，意味着愚昧、野蛮、歹毒和破坏。"[1] 可以说，和平是人类社会进行有序发展的最基本保障。就一城一地而言，应注重将一种历史教育及维护和平的意识融入平时的城市建设及管理，让和平理念潜移默化在民众之中。

由于意识形态、政治制度、思想传统、人文习俗的差异，在战后城市重建的过程中，南京与国外同类城市建设相比，有着明显的不同。国外的和平城市建设在和平研究、和平教育、和平活动、和平应用等方面，普遍起步较早，理论研究及实践也较为成熟，它们的一些做法启迪着同为二战中三次特大惨案发生地的南京，对比一下它们的做法，不无裨益。

一　遗址、遗物保护与利用对比

战争不可避免地给人员及财产带来了损失，同时也留下了破坏痕迹。这种破坏痕迹给城市重建带来了不便，但如果很好地加以利用，却是和平教育的生动教材。因此，保护遗址遗迹，建立纪念设施，因地制宜建设好、发挥好历史遗迹的功能，值得城市建设者深入思考。这一点奥斯维辛、夏威夷、广岛、考文垂等城市规划得都非常好，它们都完全保留了战争时遭到严重破坏的具有代表性的建筑物，如德累斯顿市在1945 年空袭后变成了一片废墟，目前整个城市已成为一座大纪念碑，处处体现着反思战争与和平的烙印。特别是德累斯顿市圣母教堂的重建，当局特意加强与当年的"毁灭者"英国联系，在资金及人员上互为支持，成为德英历史共识基础之上最好的和解范例。[2] 英国考文垂市为铭记战争造成的苦难，刻意保留了一些战争遗迹，如市内保留着被炸弹炸过的圣迈克大教堂的旧址（仅剩大尖塔和部分残垣），并在此竖起一个用烧焦的大教堂梁柱做成的十字架，供人凭吊。战争结束后，夏威

---

① 《战争意味着骨肉生死离别——透过萧乾看二战》，《中华读书报》2005 年 6 月 20 日。
② 朱成山、赵德兴、陈俊峰、付启元、袁志秀、朱天乐：《南京构建国际和平城市研究》，《南京社会科学》2007 年第 1 期。

夷的"亚利桑那"号战列舰甚至都没有被打捞，而是永远地躺在海底，直接作为纪念设施，以供参观。这座建立在海面上的纪念馆，也许是世界上最独特的纪念馆。纪念馆把战争的伤痛原样保留，具有足够强烈的警示作用。事实证明，后人在参观这些建筑物、纪念物时，无不体会到那种身临其境般的战争所带来的恐惧感，那种感受到的震撼与带来的反思难以用语言来表述。

波兰奥斯维辛集中营、马伊旦奈克集中营等五个集中营于 1945 年 1 月 27 日被苏联红军解放。在波兰建国后的第一次国会上，通过国会立法的程序，把这五个集中营遗址建成国家级博物馆。非常了不起的是，这五座集中营国家级博物馆均远离波兰首都华沙市，战后 50 多年来，一直隶属于波兰国家文化艺术部，即使在波兰近年来大力推动机构改革，许多博物馆下放到民间管理与经营的情况下，仍未改变这五家国家级博物馆的地位。集中营在那里原样屹立，向前来参观的人们控诉着德国法西斯的暴行。每一个前往奥斯维辛集中营等遗址参观的人，在没有看到这些恐怖的遗迹之前无法想象那里的恐怖，当每一个人参观完奥斯维辛等集中营后，都无法用准确的言语来描述那里的恐怖。这种恐怖来自对心灵的震撼，让人久久不能忘怀，从而理解自由比什么都可贵。如今，波兰奥斯维辛集中营和日本广岛原子弹爆炸中心圆顶楼，分别于 1979 年、1996 年被联合国教科文组织列入世界文化遗产名录，以警示世界"要和平，不要战争"。

作为受害程度不亚于该两案的南京大屠杀惨案，现在却还不为西方国家所熟知，这不能不让人深思。更为遗憾的是，关于南京大屠杀惨案，南京并没有保留下来带有明显特征的建筑物，甚至连一些南京大屠杀遇难者丛葬地遗址也或多或少地遭到了破坏。如根据史料记载、专家考证及证人口述的 18 处遗址，仅仅是竖立起了纪念碑，部分纪念碑目前只不过成为侵华日军南京大屠杀的一个象征性符号，因为遗址分别被改建为五台山体育场、南京大学天文系、河海大学校园等。当年被侵华日军破坏的城墙、被大火焚烧的城南商业街已经完全被重修一新，看不出当年战争所带来的破坏。1985 年 8 月，南京市政府在其中的一处大屠杀遗址上，即江东门建立了专门纪念侵华日军南京大屠杀遇难同胞纪念馆，并对该处遗址进行了挖掘。需要指出的是，在纪念馆基建时发现的大量的南京大屠杀遇难同胞的遗骨，当时没有得到很好的处理，没有原地原貌地保存下来，影响了其作为证物的价值发现。[1] 1998 年，该馆在整理场馆时，又发掘出了一批遗骸，这批遗骸得到原地原样的保留和公证，并从法医学、考古学、史学、医学等方面，科学鉴定了这些遗骸的来源，确认为侵华日军南京大屠杀遇难者遗骸，并在原址原貌进行妥善保存与处理，目前成为该馆最具有说服力、最具有震撼力的展示。在南京大屠杀证物遗物的收集、保存与利用上，南京与上述城市相比差距十分明显，由于起步太晚，很多当年历史的见证人纷纷过世，一些相关史料、遇难者名录、证物收集难度相当大，在新的展览陈列中出现了不小的困难。令人欣喜的是，南京市目前正在下大力气加紧进行这方面抢救性的征集与发掘。

二 纪念日活动规格对比

无论是日本广岛市，还是俄罗斯的圣彼得堡，每个"殉难城市"都有它的受难日。这个受难日或者是一天，或者是一段时间，这种特定的时间，就成为该市和平时期重要的纪念日，如广岛市是每年的 8 月 6 日，长崎市是 8 月 9 日，考文垂市是 11 月 14 日，夏威夷市是 12 月 7 日，德累斯顿市是 2 月 13 日，奥斯维辛、圣彼得堡市都是 1 月 27 日，这些时间节点有的是暴行发生日，有的是遇难者的忌日，有的是胜利日，但事后都被赋予了特别的意义。在这一天，所在市政府以其名义发起举办悼念活动，邀请国家领导人或各国政要参加。如今的纪念活动日，是暴行的开始日还是结束日，其实都已不再重要，重要的是向参加纪念活动及其周围的人发出了一个重要的信息，那就是不忘历史，以史为鉴。

各国在举办纪念日活动时，其重视程度不尽相同，活动规模规格也不相同。最为重视的是日本广岛市，从 1948 年起每年的 8 月 6 日，日本首相及日本众、参两院院长及各大党派魁首，都会到广岛活动现场，人数多达 11 万人，最少年份也达到 4 万多人。通过大规模的和平集会，

---

[1] 朱成山、赵德兴、陈俊峰、付启元、袁志秀、朱天乐：《南京构建国际和平城市研究》，《南京社会科学》2007 年第 1 期。

反对核爆，祈求和平。① 三天后，长崎市的纪念活动，也与广岛市规格一样，声势及影响很大，这种活动自战后就一直持续进行，除1951年朝鲜战争爆发外，每年都举行，并且每次集会都向世界发布一份有年度特点的《城市和平宣言》并公开展示，极力地打造世界和平中心形象。美国在每年的12月7日，在珍珠港及华盛顿同时举行仪式，纪念"珍珠港事件"及遇难的美国海军将士。

南京与几大城市一样，也有自己的纪念日，那就是每年的12月13日，既是1937年南京城沦陷日，又是侵华日军南京大屠杀暴行开始的日子，更是南京市民的灾难日。然而令人遗憾的是，在抗战胜利后至20世纪90年代初期，在长达40多年的时间内，没有任何形式的祭奠活动，更谈不上活动的规模与规格。直到1994年12月13日，该市才开始了"江苏省暨南京市社会各界人士悼念南京大屠杀30万同胞遇难仪式"，其活动规模仍然较小，但在中国是历史上的第一次。在最近的十多年中，每年的12月13日，南京举行的一系列活动才渐渐地有所起色，并为外界所知，特别是1995年12月，全市首次拉响警报以悼念死者，放飞和平鸽以祈祷和平，得到广泛好评。② 此后，沈阳、抚顺等中国其他城市，也纷纷仿效南京的做法，举行纪念日活动。从2002年12月13日开始，以悼念南京大屠杀遇难者为主题的集会，又加入了"国际和平集会"的主题，提升了内涵。2014年，全国人大常委会审议了相关草案，将12月13日设立为南京大屠杀死难者国家公祭。自此，每年12月13日国家举行公祭活动，悼念南京大屠杀死难者和所有在日本帝国主义侵华战争期间惨遭日本侵略者杀戮的死难者。与国际上同类型的城市相比，南京的活动起步明显偏晚，集会的规模偏小，全民参与程度还有待进一步提高。

三 和平创建活动对比

一个城市无论是政治经济方面，还是文化教育方面，必然会举行一

---

① 朱成山、赵德兴、陈俊峰、付启元、袁志秀、朱天乐：《南京构建国际和平城市研究》，《南京社会科学》2007年第1期。

② 同上。

些主题文化活动，以营造城市文明环境提高城市文明程度，达到凝聚人心、统一认识的最终目的。组织者在所举办的活动中，可以适当融入历史因素，比如邀请历史见证人参加，一起追忆历史，展望未来，形成互动，以增加市民的归属感及认同感，达到好的效果。或在诸如悼念死难者、反对战争、追求和平等活动时，结合宗教进行一些活动，往往效果会更好。因为宗教历史源远流长，世界很多国家的人民有自己特定的宗教信仰。它既是支撑教徒生活的重要精神力量，也是文明延续很重要的组成部分。宗教派别虽然很多，但无论哪种宗教，都蕴含了人对宇宙、万物、生命最初始和深远的思考。它们有重要的相同点，即所有的宗教都有导人向善的成分，很多国家不论是领导人还是一般民众，不论是否有不同政见或多深的矛盾，在这方面往往能聚合到一起。

2005年的2月13日，德国德累斯顿大轰炸60周年纪念日，当天许多男女老少胸前别上一朵白玫瑰，缓步来到广场上。当年制造大轰炸的国家——美国、英国、法国和俄罗斯，派出了它们的大使，来纪念这个城市及其平民遭受灾难的日子，以表达祈祷和平、实现和解的愿望。同年秋天，德累斯顿圣母教堂的重建工作完成，德国总统霍斯特·科勒亲自出席仪式并发表演说。2005年，波兰为纪念二战胜利60周年在奥斯维辛集中营原址举行了最为隆重的纪念活动，波兰政府邀请了法国总统希拉克、德国总统科勒等44个国家或政府领导人前来参加。另外，约2000名当年集中营的幸存者与当年解放奥斯维辛集中营的苏联老红军战士及许多国家青年团体的代表参加了纪念活动。1965年，圣彼得堡城荣获了苏联最高苏维埃授予的"英雄城"称号。如今，在举办大型活动时，总会邀请当年参加列宁格勒保卫战老兵及当事人出席，以提醒教育后人勿忘历史，珍惜和平。

与国外其他二战受难城市相比，南京战后以"和平"为品牌的城市建设显然起步较晚，但适当借鉴他国经验，结合自身特点，完全可以打造出自己独特的和平城市风格，充分利用好南京的历史文化资源，把和平城市作为南京对外交流的文化名片，同时也能营造出城市生活的良好社会环境。

四　殉难城市和平文化建设特点

在世界多极化和全球一体化的驱动下，当今国际正经历着一场城市革命。随着世界经济、文化和政治的发展，在处理外交事务的过程中，公共外交逐渐被许多国家的决策者所重视。

（一）设立国家纪念日是国际通行做法

为了纪念曾经发生过重大民族灾难而设立的国家公祭日，是以国家公祭的形式来祭奠在战争中死难的同胞，提醒世人不要忘记国家曾遭受过的战争灾难。通过国家立法的形式确定公祭日，表现了国家的意志，是对民众进行历史教育及爱国主义教育，促进国际社会认清历史真相的有效方式。它不仅是为了更多的人记住这段惨痛的历史，更是要汲取历史教训，防止这类历史悲剧重演。如今越来越多的国家将设立国家公祭日当成一种惯例，一种警醒世人不忘过去的手段。设立相关纪念日是二战后很多国家的通行做法。这些纪念日的最大价值，是让侵害者和受害者及其后人不忘历史，敬畏生命，珍视和平。

二战期间的"殉难城市"，都有它的受难日，这个受难日或者是一天，或者是一段时间，这种特定的时间就成为该市和平时期重要的纪念日。目前国际上与二战有关的相关纪念日有：

大屠杀受难者国际纪念日。1945年1月27日，苏联军队在波兰奥斯维辛解放了最大的纳粹死亡集中营。二战期间，有110万人在那里遭纳粹屠杀，之后多国将1月27日设为公祭日。如德国，在1995年通过法律设定1月27日为大屠杀受害者纪念日。2005年，第60届联大全体会议一致决定将每年的1月27日定为"国际大屠杀纪念日"，以示反对任何否定纳粹大屠杀历史事实的做法，并要求所有国家教育并帮助下一代了解有关种族屠杀的罪行。

俄罗斯卫国战争胜利纪念日。俄罗斯将德国投降翌日5月9日定为伟大卫国战争胜利纪念日，且设为法定假日。每年这一天，莫斯科都要举行盛大集会和阅兵式。国家领导人前往红场的无名烈士墓前敬献花圈，进行哀悼，并庆祝反法西斯战争取得伟大的胜利。由于时差问题，英、美、法则把5月8日定为"欧洲胜利日"，举办庆祝活动。

新加坡全面防卫日。自日军在1942年2月15日攻陷了狮城，进城后展开针对华人的大屠杀。新加坡政府于 1967 年 2 月 15 日将每年的 2 月 15 日设立为"全面防卫日",并且竖立"日本占领时期死难人民纪念碑",以纪念日占期间死难的同胞,提醒新加坡年青一代牢记日本统治时期的悲惨历史。当天,新加坡政府、警察部队、死难者家属代表、宗教团体等会参加悼念仪式。

此外,还有以色列的大屠杀纪念日、美国的珍珠港事件纪念日等。美国在每年的 12 月 7 日,在珍珠港及华盛顿同时举行仪式,纪念"珍珠港事件"及遇难的美国海军将士。

(二)通过高规格纪念活动来提升国家形象和国际影响力

二战国家及相关城市非常重视对于历史事件的纪念。纪念日活动规模规格普遍较高,以此来拓展公共外交,提升国家形象和国际影响力。以以色列为例,为表达对 600 万犹太人亡灵的哀悼,该国政府确定每年犹太历尼桑月的 27 日为纳粹大屠杀纪念日。每年纪念日的头天晚上,总统和总理都会出席在耶路撒冷市郊的大屠杀纪念馆华沙广场举行的集会;从纪念日头天傍晚太阳落山至早晨太阳升起前,除饭店和宾馆外,所有商店、饭馆、酒吧、影院和歌舞厅等"娱乐场所"一律停业;纪念日上午 10 点,全国范围内鸣汽笛两分钟,所有车辆停止运行,行人止步,向大屠杀遇难者致哀;同时,以色列广播和电视台停止正常的节目,以便播放有关在二战中纳粹德国领导人希特勒残害犹太人的纪录片、讨论和电影;在议会上,总理要参加每年一度的"每个人都有一个名字"仪式,在这个仪式上,每个参加者都大声地念出在大屠杀中死难的家属的姓名。

其他国家如波兰、德国国家领导人,也会在活动当日发表讲话或到现场参加专题活动,以示纪念。德国在 2014 年的犹太人大屠杀纪念日上,总统府、总理府、各部委及下属各机构均降半旗,德国联邦议院为悼念遭纳粹屠杀的死难者,举行追悼会,德国总统高克和总理默克尔均出席纪念仪式。[1]

俄罗斯是欧洲抗击德国法西斯战争的主战场,2700 万军民在战争

---

① 朱成山、赵德兴、陈俊峰、付启元、袁志秀、朱天乐:《南京构建国际和平城市研究》,《南京社会科学》2007 年第 1 期。

中牺牲。每年的 5 月 9 日，俄罗斯都要举行规模盛大的纪念卫国战争胜利大阅兵。2005 年 5 月 9 日，俄罗斯举行盛大的阅兵式，纪念卫国战争胜利 60 周年。50 多个国家的元首、政府首脑及国际组织的代表，同俄罗斯人民一起，共同庆祝这个光辉的节日。莫斯科成为世界瞩目的焦点。

日本每年 8 月 6 日和 9 日都要在广岛和长崎举行高规格的仪式，纪念原子弹轰炸。日本首相及日本众、参两院院长及各大党派魁首，都会到两市活动现场，人数达十几万人。这种活动自战后就一直持续进行。2010 年 8 月 6 日，日本广岛在市中心的和平纪念公园内举行了"原子弹爆炸死难者悼念仪式暨和平祈愿仪式"。联合国秘书长潘基文到场致意，投下原子弹的美国也派驻日大使鲁斯出席了仪式。纪念活动伊始，日本首相菅直人、广岛市长秋叶忠利和其他政府官员、幸存者代表向死者敬献了花圈。据新华社的报道，共有 74 个国家代表出席了此次祈愿仪式，为历次最多。潘基文是首位参加这一纪念活动的联合国秘书长，美、英、法三个核持有国也是首次参加。此外，俄罗斯、巴基斯坦、以色列、伊朗也出席了仪式。这些活动的声势和影响日渐增大，容易给人造成一种日本只是二战受害国的误解，而忘记日本军国主义加害中国的事实。日本纪念原子弹轰炸固然有其合理性，但是如果只对历史进行选择性的纪念，那就是对历史的不尊重。

中国是抗击日本军国主义侵略的东方主战场。中国军民进行了长达八年的英勇抗战，伤亡 3500 万人，为世界反法西斯战争的胜利做出了重大贡献。中华人民共和国成立后，由于各种原因，往往只是在"逢五""逢十"的年份举办一些活动。其他时间的纪念日活动是分散、地方性的，所以影响力有限。国家公祭日的设立，把"逢五""逢十"才举行的中央纪念仪式扩展到每年都举行，通过各种媒体向全世界进行直播，并广邀国际人士参与，以有利于提升南京的城市形象和国际影响力。以上国家城市对大屠杀的纪念方式，值得我们在纪念南京大屠杀时加以借鉴。

相关国家的纪念日活动大多在某一城市举行。纪念日所在城市在公共外交中发挥了不可替代的独特作用。与国外其他二战受难城市相比，南京战后以"和平"为品牌的城市建设显然起步较晚，但适当借鉴他国经验，结合自身特点，完全可以打造出自己独特的和平城市风格，使和平城市成为南京对外交流的文化名片。

第七章

佛教文化资源与培育人文绿都新优势

佛教在中国传播、发展的两千多年中，通过与中国传统文化的结合，形成了丰富的佛教文化资源，成为中华优秀文化遗产不可分割的重要组成部分。在丰富多彩的南京城市文化中，佛教文化以其丰厚的历史积淀及特色称著于世。南京在中国佛教发展史上具有不可替代的重要地位，原中国佛教协会会长赵朴初先生曾称南京是"佛教学术的中心"。近年来，作为城市传统（宗教）文化重要一极的佛教文化，借以佛顶骨舍利的重大发现和中国传统文化复兴的良机而得到了极大的彰显。在政府的积极引导和社会各界的共同努力下，南京佛教文化资源得到了进一步的发掘和利用，取得了可喜的成绩。南京佛教文化的弘扬在促进南京人文绿都的建设中发挥了积极作用，同时作为一种城市文化优势，也成为南京社会各界的共识。彰显南京佛教文化特色，同把南京建设成现代化国际性人文绿都的目标是相一致的。佛教文化是南京现代化国际性人文绿都的一张亮丽的名片。佛教文化蕴含着博大精深的人文资源，是取之不竭、用之不尽的智慧宝藏。2016 年 4 月，习近平总书记在全国宗教工作会议上指出，深入挖掘教义教规中有利于社会和谐、时代进步、健康文明的内容，对教规教义做出符合当代中国发展进步要求、符合中华优秀传统文化的阐释。中共江苏省委十二届十二次全会提出：要加快转变城市发展方式，建设江苏特色现代化城市；注重城市产业驱动、科技驱动、文化驱动，推动现代化城市建设实现更大突破；优化城市文化特色，重视历史文化传承，彰显城市文化内涵，塑造城市文化符号。南京在深入贯彻省委十二届十二次全会精神，建设现代化国际性人文绿都的进程中，佛教文化应该大有可为。如何充分利用好佛教文化资源，使其成为培育和涵养城市文化的新优势，是一个亟待深入研究和探索的现实课题。本书就佛教文化的资源基础、独特价值、对策措施等方面，对这一问题作一探讨。

第一节 弘扬南京佛教文化的现实基础

南京是古代中国江南地区最早传播佛教文化的圣地，也是近代中国佛教文化的传播、研究中心。中国佛教史上的八大宗派，基本上是经过南京这块文化土壤的滋润、孕育后才逐步成熟并走向全国各地的。① 近年来，随着牛首山遗址公园和大报恩寺遗址公园的顺利开园，佛顶骨舍利、诸圣舍利、感应舍利的移驾迎请供奉，南京作为世界佛教文化圣地的地位得到了充分彰显，南京的佛教文化也迎来了进一步发展的契机。

一 佛教文化，历史生成

南京佛教文化是对南京城市的一种历史馈赠。古代南京是中国江南地区最早传播佛教文化的圣地，近代南京是中国佛教传播研究的复兴之地。据文献记载，佛教流入南京始于东汉献帝（190—220）末世，迄今已有1790多年的历史。

三国时期，孙权建立东吴政权定鼎建业（今南京）之际，佛教南渐。佛教一经流入吴地就立刻与帝王相联，受到了统治阶级的支持，佛教一度兴盛。从当时佛教传播的影响程度看，吴地的般若传播比魏境的戒律译介更为发达。

晋代，佛教得到了进一步的传播和发展，并开启了佛教中国化的闸门。西晋时，佛教利用老庄思想传扬教义已成为一种潮流。东晋时，建康（今南京）的译经建寺更为兴盛。佛、儒、道纷呈互动，促进了佛教的进一步传播与发展。东晋的都城建康，由于帝王贵族奉佛，王、谢、庾、桓等世家大族支持，皇室贵族竞相在城内及周边地区建寺，加之名士青睐佛教和玄学之风的思想背景，佛玄互动推动了佛教在江南的

---

① 杨永泉：《南京在中国佛教文化中的地位》，《南京社会科学》2009年第2期。

迅速流布。

南朝（420—589）是中国佛教的重要发展时期。作为国都的建康，由于宋、齐、梁、陈四代王朝的大力支持和倡导，佛教进入了一个广泛传播和迅速发展的阶段，隆盛于整个江南地区。南朝佛教发展的时代特点表现为：一是在不同文化的互动中，佛教继续沿着本土化方向嬗变；二是在佛教译介的传播过程中产生了诸多"师说"，为后来中国佛教各大教派的形成开启先河；三是举国兴佛，佛教在思想统治中占据了很高的地位。当时，建康城内佛教盛行，寺庙林立。因此，后来有了唐人刘禹锡"南朝四百八十寺，多少楼台烟雨中"的追忆。

隋唐时期，中国佛教进入鼎盛时期。主要体现在：一是佛教诸大宗派的建立。诸宗各自发展徒众，判教立宗，著书弘教，创造新的理论体系；二是中国藏传佛教（喇嘛教）的创立，从此形成了中国汉传佛教与藏传佛教两大体系。隋唐时期的南京（时称白下）虽然已不再"享受"都城的政治地位，但佛缘不断，滥觞于南北朝时期的各类"师说"相继成为佛教各大宗派。隋唐时期形成的宗派，主要有天台宗、三论宗、慈恩宗、华严宗、律宗、禅宗、净土宗和密宗。从其源流看，大多与南北朝时期的"师说"有关，也有一些祖庭直接源于南京。

就南京地区而言，唐代在佛教发展上多有可圈可点之处。诸如，唐武德年间（618—626），唐高祖李洲改栖霞寺为功德寺，增置梵宇49所，楼阁延袤，宫室壮丽。唐上元三年（676），唐高宗李治亲自撰文，为栖霞寺创立者明僧绍立明征君碑，栖霞寺与山东临清灵岩寺、湖北荆州玉泉寺、浙江天台国清寺并称为天下"四大丛林"。栖霞寺的第五代传人法融（594—657），在哲学理论上继承摄山一系三论学僧传播大乘中观学说，并有所创新，在金陵牛头山佛窟寺、祖堂山幽栖寺（后改名祖堂寺）修持后有所创新，创立牛头禅（宗）。①

五代十国时期的南唐，也是一个崇尚佛教的时代。南唐后主李煜得知江西临川崇寿院文益禅师负有盛名，请他到金陵住在清凉大道场。文益以般若中观不二法门的思辨义理为思想基础，结合禅宗禅，创立了法眼宗。这是禅宗"一花五叶"中的一叶，其学说影响了整个江南。

---

① 杨永泉：《南京在中国佛教文化中的地位》，《南京社会科学》2009 年第 2 期。

　　整个宋代佛教呈发展趋势，尤其是佛教与儒学的全面融合，成效极为显著的"程朱理学"、"陆王心学"的形成均与儒佛思想的互动有关。北宋为中国佛教的中兴时期。中印佛教文化交流频繁。据汤用彤、季羡林等先生的研究考证，此时西行求法尤为兴盛，印度高僧不时负带佛舍利来华。这时的南京佛事活动频频。其影响大者有：北宋端拱元年（988），金陵天禧寺演化大和尚可政从终南山紫光阁将玄奘大师顶骨舍利亲负迎请至长干寺，于天圣五年（1027）重新安葬。另据碑文记载，2008年在南京（大报恩寺遗址）重光的佛顶骨舍利，就是北宋天禧年间来自北印度高僧施护等人所献。

　　南宋初，金兵进犯，建康即今南京地区的寺庙毁坏近半，栖霞寺、太平兴国寺等均不能幸免。即便在这种情况下，南京仍有佛事活动。绍兴八年至十二年（1138—1142），建康府地区久旱少雨，留守叶梦得及范成大、杨万里、商硕等人将太平兴国寺宝志和尚像请入城祈雨，此事在当时也被传为佳话。

　　元朝虽以藏传佛教为国教，但对其他宗教，如汉地佛教、道教以及外来的回教和基督教等并不绝对排斥。元军入金陵，改建康为集庆。佛教寺院在战火中大多被毁坏。泰定二年（1325），元文宗图帖睦尔潜抵金陵，开始重视佛教抚民的重要作用，亲自带头出资和倡导，上自行御史台，下至郡县之吏，共同施舍修复扩建了太平兴国寺，使该寺成为东南之巨刹。①

　　终明一朝，佛学思想方面没有大的发展。但统治者建立了统一管理全国佛教的政策和制度，对佛教的发展进行规范和约束。明朝定都南京，和尚出身的朱元璋深谙佛教组织机构对国家的影响。为了强化专制思想统治，对佛教控制相当严格。洪武元年（1368），朱元璋在宋制的基础上，进一步强化了僧官制度，并在金陵天界寺设善世院，实现对全国佛教的有效管理。明太祖废除了喇嘛在内地的特权，但没有中止喇嘛教与内地的联系，继续给喇嘛教以优厚的礼遇，并以此作为皇权中央管辖西藏的重要渠道。此做法影响极其深远。

　　清末民初，中国佛教在社会上已衰敝至极，但在文人名士中，佛教

---

　　①　杨永泉：《南京在中国佛教文化中的地位》，《南京社会科学》2009年第2期。

义学研究却非常活跃，"居士佛教"盛行。南京实际上成为中国"佛教复兴"的中心。居士以及一些世俗文人对佛典的收集整理和义理的研究也有新的发展。晚清刻印佛经在南方蔚然成风，苏州、常熟、杭州、如皋、扬州等地设有刻经处，而影响尤大者则是杨文会创立的金陵刻经处。杨文会积极响应"印度摩诃菩提会"发起的复兴佛教运动，着手在中国实行振兴佛教计划，包括编纂佛教教材、创办学校、收集和刻印等。1908 年，在金陵刻经处成立祇洹精舍，教授僧俗学生。居士欧阳竟无建支那内学院，发展义学一途，尤以法相唯识影响于当时的思想界。高僧太虚与陈白元、章太炎等创立"觉社"，成为中国佛教复兴运动的推动主力。熊十力则另辟蹊径，创"新唯识"论。欧阳竟无的弟子吕徵，长期主持支那内学院，对当代中国佛学建设的贡献良多。

中华人民共和国成立以后，中国佛教界秉承"人间佛教"的理念，贯彻宗教与社会主义社会相适应的方针，开展佛教活动。佛教既作为一种宗教信仰，在信徒中发挥着其传统作用，也作为一种特有的文化存在，在稳定社会、传承历史、丰富人们的精神生活方面发挥着应有的作用。

纵观中国佛教发展，中国佛教的历史命运总与南京相关联，可谓是"一部金陵佛教史，半部中国佛教史"。

二　积淀深厚，贡献良多

南京佛教文化的地位及丰富性，不仅体现在历史生成的过程中，而且体现在对中国传统历史文化的贡献上。

（一）佛典译介、撰述多

佛典传译、佛典撰述是佛教传播、发展的重要途径。古代南京是中国最早传播佛教文化圣地之一，佛教文献的积累尤为可观。诸如，东吴时期的支谦所译的大乘经典[①]；康僧会所译《六度集经》；东晋法显西行求法，从天竺带回梵文经典，共天竺僧人佛陀跋陀罗于建康道场寺译

[①] "吴主孙权重视佛教，拜支谦为博士，并为康僧会建初寺，推尊佛法。后来孙皓即位，终受佛教五戒。吴主及大臣重视佛法，使译经事业较有起色，译者五人，其中支谦所译大乘经典，对社会曾发生过重要影响。"刘宝金：《中国佛典通论》，河北教育出版社 1997 年版，第 10 页。

出六部六十三卷、佛陀跋陀罗共法显译出《摩诃僧祇律》四十卷，凡此诸律典译本，为后世习律者所研习，是其根本典据；宋元嘉年间求那跋陀罗所译《杂阿含经》《楞伽经》；南朝译经大师真谛，在梁、陈之际，凡译佛典四十九部一百四十二卷。所译《大乘起信论》《三子性论》《转识论》《显识论》等是其学术思想代表之作。《摄大乘论》对佛教义学影响特大，终至开创了摄论学派。这些译介经典涉及后来佛教发展中的各宗各派，是佛教各宗各派肇始的思想源头。

另外，还有大量的佛典注解、史籍撰写、文献汇编、经目类编等积累。佛典撰写，其实质是佛教义理的"中国化"转述。编著史志，意在弘法，颂扬高僧大德录其事迹，垂于后世，文献经目汇编类编便于研习。这些文献是佛教中国化的见证，也是研究佛教中国化的重要史料。南京在这方面也是积累多多。诸如（仅六朝而言）注经有：三国吴支谦为自己所译《了本生死经》作注，是为经疏之嚆矢；译经名师康僧会著有《安般守意》《法镜》《道树》三经注解和序文，也是早期的佛教经注之作。如此之作反映了佛教传入中土初期的汉化过程。佛教史籍有：南朝梁宝唱撰《比丘尼传》、南朝梁慧皎（497—554）撰《高僧传》（亦称《梁高僧传》《梁传》）、东晋法显撰写的《法显佛国行记》，即海外见闻录。文献汇编、经录有：《弘明集》佛教文献汇编，南朝梁释僧佑撰，原十卷，后增为十四卷；《铨名录》佛教经录，南朝梁僧祐撰，四卷；《梁代众经目录》佛教经录，南朝梁宝唱撰；《经律异相》佛教类书，南朝梁宝唱等集。

另外，佛教论述、论文更是举不胜举。例如：吉藏承坞摩罗什所传《中论》《百论》《十二门论》；智者大师所讲《大智度论》《次第禅门》；竺道生所述《涅槃经》等。论文有：《老聃非大贤论》（东晋孙盛撰）、《明佛论》（南朝宋宗炳撰）、《神不灭论》（朝宋郑道子撰）、《难神灭论》（南朝曹思文撰）、《难释疑论》（南朝宋周续之撰）、《正二教论》（南朝齐明僧绍撰）、《折夷夏论》（原称《与顾道士书·折夷夏论》）、《驳顾道士夷夏论》（南朝宋慧通撰）、《戎夏论折顾道士夷夏论》（亦称《戎华论折顾道士夷夏佛教论》，南朝宋僧敏撰）、《灭惑论》（南朝梁刘勰撰）、《均圣论》（佛教论著，南朝梁沈约撰）、《门律》（南朝宋齐间张融撰）。这些论文收于《大正藏》中，系儒、道、佛三教交涉之作，对我们了解早期佛教中国化经过和研究中国佛教思想史，颇具历史参考价值。

以上这些佛教文献积累，无疑是中国传统历史文化宝库中的财富。

（二）文化传承、遗迹遗物多

遗迹遗物是佛教文化的重要载体。佛教作为一种宗教、一种哲学、一种价值体系，自从传入中国之日起，在与中国传统文化结合的过程中不断学术化、艺术化和社会化，深刻地影响着中华民族的政治、经济、社会生活、价值观念和心理素质，佛教文化已经成为中华传统文化的重要组成部分。佛教建筑、法器、佛像、佛经、佛乐等，是佛教文化极其重要的载体。一座千年古刹，它的声誉首先是通过其深厚的历史、古老的建筑、珍贵的藏品为人们所认知。每一座寺庙都是一座艺术的宝库，藏有大量珍贵的佛教文物；建筑本身也是历史悠久、宏大壮观的，堪称建筑的杰出代表和中华民族古建筑的精华之作，具有极强的文化价值。

南京除了有一些古老的寺庙外，还拥有众多且具有影响力的佛教遗迹遗物。例如，有关禅宗初祖菩提达摩的狮子峰"达摩岩""面壁处""卓锡泉"，幕府山"达摩洞、定山寺达摩画像碑、定山寺斜塔，明朝最早最大的无梁建筑——无梁殿"，集李白诗、吴道子画、颜真卿字为一体的灵谷寺"三绝碑"，南朝清凉寺"还阳泉"，栖霞寺的南朝石刻——千佛崖、南唐舍利塔，惠济寺的千年古银杏树等。当然，其中最耀眼的明珠是佛教顶级圣物——佛顶骨舍利及一同出土的感应舍利、诸圣舍利、阿育王塔。另外，举世闻名的玄奘舍利也在南京。

（三）诸宗肇始，名寺高僧多

寺庙道场、高僧大德系佛教文化的基础构成，其历史地位和名声反映着其影响力。如前所述，南京是佛教诸宗肇始之地或祖庭，在佛教界影响颇大。例如，吉藏大师创三论宗祖庭的栖霞寺、法融禅师立牛头禅宗的祖堂山（幽栖寺，现有遗址）、文益禅师开法眼宗祖庭的清凉寺、智者大师设天台宗祖庭之瓦宫寺，还有涅槃学派之龙火光寺和道场寺、成实学派之开善寺和庄严寺、中兴律宗之古林寺、毗昙学派之长干寺等。另外，有江南首寺建初寺，梁武帝出家寺庙鸡鸣寺（同泰寺），明朝统管京城全部沙门僧众的天界寺（集庆寺），民国全国佛教中心、中国佛教会、中华佛学研究会、中国宗教联谊会所在地的毗卢寺。

南京地区高僧辈出。如南京佛教初传的支谦、江南首寺——建初寺祖师康僧会、西域圣僧跋陀罗、游历众国西天取法著有《佛国记》的法显、名上风度的道林、南朝最著名高僧宝志以及僧绍、吉藏、法融、文益、太虚等。另外，当代出家于南京栖霞寺的星云大师，也是蜚声中外。

（四）教规仪轨，开先河者多

教轨礼仪是一种宗教行为规范，规范的深层基础是价值观或价值导向。所以，作为佛教这样一种普度众生的文化，其教轨礼仪不但约束信教者的行为，往往对人们的世俗生活产生深刻的影响，甚至有的转化为民俗。南京佛教文化中也有经典事例。例如，南宋元嘉年间，请印度僧人僧伽跋为传戒师，为以狮子国铁萨罗为首的百名比丘尼举行二部僧受戒仪式，开启了中国比丘尼如律受戒先河。梁武帝时期，中国佛教的许多宗教仪轨始于南京，如宗庙不准用荤物做贡品，佛教持戒不得食用酒肉，坚持素食生活，还有忏法仪式和水陆法超度亡灵。另外，还有清凉寺的幽冥钟、乌龙潭边放生池也具有地域文化传统的特征。这些教轨仪轨深刻影响了世俗生活，一些已经成为南京民俗的一部分。

三　优势再造，开局向好

南京佛教文化资源丰富，是一个不争的事实。资源优势不等于现实优势。近年来，在南京市委、市政府的积极引导下，在包括佛教界在内社会各界的共同努力下，南京的佛教文化资源优势转换开始显现，佛教文化发展有了很大的起色，开端良好，发展势头强劲，主要体现在如下几点。

（一）发展思路日益清晰

南京在发展佛教文化中，坚持顶层设计，在充分尊重宗教自身发展规律的基础上，从经济社会发展的全局出发，统筹规划，合理布局，协调发展。结合时代要求，适时调整佛教文化战略定位。其思路日益明确，由最早的大造"佛都"到此后的"八大文化"之一，再到"山、水、城、林、寺"人文绿都的一极，体现了科学发展、统筹发展的大局观。

（二）保护利用开端较好

南京市各个时代的佛教文化遗存存留百处以上，其中被列入市级以上文物保护单位的 39 处（国保单位 2 处，省保单位 9 处，市保单位 28 处）。

在保护现有历史遗迹、文物的基础上，综合考量城市规划、人口密度、传统文化等因素，科学设置宗教活动场所，一批历史上具有影响的千年古刹得以恢复重建，一些满足信教群众需要的新建寺院也填补了当地空白。目前，主城五个区的佛教活动场所共 15 个，周边五个区有 49 个，由点至面构成了立体宗教文化服务网络。"十二五"规划期间，在"大文化"和"大旅游"的背景下，南京市重点城市建设项目牛首山文化旅游区的佛顶寺、宫、塔和大报恩寺遗址公园的建初寺一期工程相继建成使用，并筹建启动金陵刻经新馆，打造南京佛教文化新高地。

（三）佛教文化活动绘声绘色

近年来，围绕舍利文化这一轴心，突出祖庭、译经两个文化重点，南京市开展了一系列具有国际影响力、提升城市地位的大型宗教文化活动。2010 年和 2012 年，相继举行了佛顶骨舍利盛世重光大典和远赴我国港澳两地供奉活动；2014 年举办了灵谷寺 1500 周年庆典；2015 年，由中国佛教协会主办，在南京开展了佛顶骨舍利赴牛首山佛顶宫供奉活动；同年，在大报恩寺遗址公园举行了感应舍利供奉活动；2017 年，先后组织了诸圣舍利、感应舍利赴佛顶宫、报恩塔地宫供奉活动；中国佛教协会和南京市政府联手主办金陵刻经处 150 周年庆典，并推出刻经技艺演示、刊印经书展陈、文化研讨会等配套活动。需要强调的是，金陵礼佛文化月这个南京佛教文化品牌在活动质量、内容设置、规模层次等方面一年一个台阶，越办越好，在国内外佛教界享有了一定的知名度；每年举行南京大屠杀死难者公祭日和平祈福活动，向世界展现了南京慈悲大爱、和平友善的城市形象。另外，还有形式多样的寺院文化特色活动，如鸡鸣寺少儿国学经典诵读班、栖霞寺的千人禅修活动、清凉寺的梵呗音乐表演等，在道德构建、文化体验、艺术欣赏等方面均做出了有益尝试，获得了良好的社会反响。

（四）佛教文化研究交流渐次展开

中国佛教文化受儒家思想的影响，倡导中庸、包容、圆通、和谐，注重交流学习，讲求兼容并蓄。南京坚持"走出去、请进来"的方针，通过参加学术研讨峰会、组织佛教文化论坛、结对境外友好寺院、开设海外佛教分院等形式，与国内兄弟城市及东南亚、我国港澳、北美等地区展开交流，彰显了南京的文化软实力，扩大了佛教文化的影响力。还参与了我国台湾友好城市佛教文化活动，强化城市公共外交纽带，服务祖国统一大局。强化"内功"，在擦亮佛顶骨舍利、金陵刻经处这两块"金字招牌"的同时，进一步打造平台，扩宽渠道，建立机制。近年来，在巩固原有佛教文化研究和教育阵地的基础上，组建了南京佛教文化研究中心，发展了三论宗研究会，成立了灵谷寺书画院，筹建了法眼宗纪念馆，挂牌了江苏尼众佛学院，编印了《南京佛教通史》，参与了《中华百寺》拍摄等。在展现形象方面，利用亚青会、青奥会等契机，以优质服务、崭新窗口、过硬素质，为世界各国上万名与会政要、嘉宾、运动员、教练员等提供宗教服务，很好地展现了南京佛教文化的形象。在宣传方面，利用各类佛教媒体、报刊、网络等，讲述南京佛教文化好故事，发出南京好声音。

如此等等，既是对南京佛教文化的弘扬，也是对南京"人文绿都"新优势的再造。

第二节　充分认识佛教文化的独特价值

正确认识和理解佛教文化的当代价值，是进一步挖掘南京佛教文化资源、弘扬佛教文化的重要理论前提。包括佛教文化在内的宗教文化是人类文明的成果，也是重要的历史文化遗产。佛教文化遗产所蕴含的价值相当丰富，对我国古代的思想、哲学、伦理、政治、史学、文学、绘画、雕刻、建筑、音乐、书法、风俗都产生了重大的影响。习近平主席2014年在巴黎联合国教科文组织总部的讲话指出，"佛教产生于古代印度，但传入中国后，经过长期演化，佛教同中国儒家文化和道家文化融合发展，最终形成了具有中国特色的佛教文化，给中国人的宗教信仰、哲学观念、文学艺术、礼仪习俗等留下了深刻影响"。

近年来，南京在佛教文化资源保护、利用方面取得了一定成就，但对南京佛教文化资源价值的整体认识尚不够充分。新时期，南京佛教文化可以说是优秀传统文化的代表者、传承者，社会道德的守护者、塑造者，城市建设发展的贡献者、服务者，世界宗教文化的传播者和桥梁纽带。佛教文化资源的当代价值可以从一般和个别来分析。从一般价值看，主要体现在历史、艺术、伦理、社会和经济等方面。从个别价值看，南京佛教文化资源对于塑造和提升城市形象品牌意义重大。佛教文化遗产作为一种丰厚的文化资源，具有价值与利用价值的双重性。但在实践中如何利用其价值，即如何将价值转化为利用价值，是一个有待探讨的新课题。

一　历史艺术价值

佛教文化遗产是历史的产物，可以说是一种底蕴极其丰厚的物化的、具象的历史资源。它客观地记录并真实地反映了佛教文化形成与演化的过程，蕴含大量的历史文化信息。具体而言，佛教文化遗产的历史价值相应地体现为宗教史、文学史、建筑史、美术史、医药科技史等方面的价值。这些价值的体现，既是保护的意义所在，也是合理利用、适度开发的资源依托。对于佛教文化遗产中某些具有重大历史价值的要素，应本着对历史负责、对子孙后代负责的态度，使历史价值的原真性和完整性得以留存于世，光照千秋。

佛教文化遗产的艺术价值主要表现为绘画艺术、雕塑艺术和建筑艺术等方面。例如，南京绘画艺术"随宗教而发扬其彩"。六朝时期的画家，皆能作带宗教色彩之图画，其最著名者，"吴有曹不兴，晋有卫协"。曹不兴因善画人物衣纹褶皱，绘画史上有所谓"曹衣带水，吴带当风"之说。卫协的画风对东晋大画家顾恺之的影响很大。顾恺之的艺术思想和作品与佛教文化息息相关。他精于绘画，兼善人像、神仙、佛像、禽兽、山水等，世传有"三绝"（才绝、画绝、痴绝）画家之誉。其画迹传世者有著名的《维摩诘像》，现存摹本。

值得特别一提的是，当今南京佛像的制作在全国首屈一指，大型佛像几乎都出于南京晨光机械厂。如今佛像成为集美术和现代科技为一体的现代"雕塑作品"。这种情况进一步说明，南京不但具有深厚的佛教文化底蕴，也有大量的艺术人才和先进的铸造工艺。

二　社会伦理价值

佛教文化为中华传统文化不可分割的一部分。赵朴初说，不懂佛教，就不能懂得中国文化史。中国传统文化是儒、释、道三足一鼎的文化，佛教文化是其不可或缺的一个重要组成部分。佛教文化同儒家文化、道家（教）文化一样，在两千余年人们的精神生活和物质生活中，是人文关怀在诸多领域中的一种显现。佛教的缘起论①为构建和谐社会提供了一种理论基石，佛教的因果论为人们的行为规范提供了一种思想基础，佛教的平等观为正确处理人与人之间的关系提供了一种理论根据，佛教的慈悲观念为人与人之间的和谐相处提供了一种心理基础，佛教的中道、圆融为缓解人类的矛盾，构建和谐社会提供了一种方法论的基础，提供了一种思维方式。因此，佛教文化有很显著的当代意义。它作为一种缓解、解决人类社会矛盾，建设和谐社会的文化资源是值得我们阐扬的。②

近代以来，佛教文化对中国思想文化界产生了重要影响。一批优秀的思想家、文学家、学者乃至社会政治活动家几乎无不与佛教保持了程度不同的联系。梁启超说："晚清所谓新学家者，殆无一不与佛学有关。"谭嗣同在其所著《仁学》中，以佛学统摄儒学和西学，突出大乘佛教的救世精神，唤醒人们献身维新变法。近代佛学复兴事业的开拓者杨仁山期望通过弘扬佛教，振兴中国，救治人心。他最著名的学生太虚法师倡导人间佛教，致力于佛教的近现代化，努力用现代西方科学、民主、平等、自由理论来诠释佛学，改革僧伽制度。中国共产党的早期领袖瞿秋白，年轻时由学老庄而研佛学，他说："无常的社会观，菩萨行的人生观引导我走上了革命道路。"可见，佛教文化与近现代各种学说之间有相通之处。中华人民共和国成立后，中国的佛教文化在与社会主

---

① 佛教的缘起论认为，宇宙、万物与人类是相互依存、同体共生、不可分割的整体。其精神内核用一个字表达，就是"和"。顺应"缘起"法则，正确处理好人我关系、物我关系以及身心关系，实现各种关系的和谐、均衡和圆满，这是人类所能达到的最高智慧和境界，亦即"和谐世界"。

② 付启元、赵德兴：《"商禅偕行"与南京佛教文化资源的深度开发》，《南京社会科学》2009 年第 6 期。

义社会相适应方针的引导下，已成为一种促进社会文明进步、提高人们思想修养水平的精神文化资源。佛教文化不但对中国构建和谐社会具有积极的意义，而且基于佛教文化的和合价值特性，对和谐世界的建设同样具有积极的意义。

三　经济发展价值

当代中国的社会变迁和经济发展，佛教界和其他社会阶层一样，大受其益。中国当代的寺院经济，就在这样一种社会背景下得以逐步发展起来，已经逐步建构为一种具有合法性的宗教经济形式，备受宗教界和社会各界人士的关注。在市场经济条件下，"商禅偕行"已成为"寺院经济"的主要形式。在世俗的商品经济大潮中，佛教事业的生存与发展必然涉及商业经营的问题。尽管在商业经营问题上存在一些分歧，但"商禅偕行"的趋势日益明显是不争的事实。应该说，佛教文化资源的商业运作，客观上促进了地方旅游经济的发展，而经济的发展也为寺院"自养"、文物的保护、慈善事业的光大，提供了经济支撑。

四　品牌形象价值

品牌形象是一座城市内在底蕴与外在表现的综合体现，是城市总体的特征和风格。佛教文化资源具有提升南京城市文化形象符号的价值。佛教是一种世界性宗教，佛教文化具有普遍的价值，佛教文化的交流会促进一个城市的世界知名度，进而提升形象品牌价值。南京是一个历史文化名城，丰厚的历史文化资源是多元的，佛教无疑是南京历史文化中的重要组成部分，也是南京文化资源中的一大特色资源。南京有着佛教文化传播和交流的历史传统。佛教文化交流迄今仍然是南京城市对外进行国际交流的重要方面。历史上，郑和下西洋所经国家和地区大多是奉行佛教的。"博爱"精神与佛教的精神有着内在的一致性。正是基于这种融通性，每年在南京市举行纪念南京大屠杀遇难同胞活动中，都有包括日本在内的佛教界僧众参加。佛教文化既是南京城市文化的一大亮点，也应成为中国佛教文化的一大闪光点。它对于打造城市文化品牌，促进南京国际性城市地位的提升具有特殊的意义。①

总之，充分认识佛教文化的重要价值，无论是从佛教自身的发展，还是从继承优秀传统文化遗产，都具有特殊的现实意义。

第三节 弘扬佛教文化存在的不足

南京有过佛教发展的辉煌历史，资源丰富，底蕴深厚，但从现实来看，佛教文化的魅力远远没有释放出来。面对新形势、新环境和新要求，南京佛教在资源保护与转化、品牌建设等方面，仍存在不容忽视的问题和短板。

一 佛教文化资源的保护与利用不够

部分寺庙管理机构文物保护意识不强，在文物保护范围和建设控制地带内随意新建庙宇，对古寺庙的历史格局和环境造成了极大的破坏，也不符合寺庙传承和发展的目标。目前，南京佛教的许多历史遗迹仍沉睡在街巷中，部分传统技艺面临后继无人的困境，大量经典文集被束之高阁，一批宗教文物未发挥功能效益，如何挖掘、整理、保护和利用现有文化资源成为当前亟须面对和解决的问题。部分佛教文化项目投入巨资，但文化资源开发重形式轻内涵，没有体现文化的厚重与价值，社会反响一般，效益低下，未能实现打造文化品牌、拉动旅游人气的预期目标。此外，南京景区内的寺院和景区的关系需要进一步协调理顺。

二 佛教资源的深层挖掘不够

拥有佛教文化资源，不代表能做好佛教文化旅游。佛教旅游实质上是一种以佛教文化内涵为主要吸引物的特色旅游。现实中，我们往往重视有形资源的打造，忽视无形资源的挖掘。无形资源是佛教最大的魅力，就是佛教倡导的人文精神。佛教寺院不仅是宗教场馆仅供人们参

---

① 付启元、赵德兴：《"商禅偕行"与南京佛教文化资源的深度开发》，《南京社会科学》2009 年第 6 期。

观，应该广泛开展弘法利生活动，让更多的人理解佛教，学习佛教，并从佛法中受益。佛教旅游使人们逐渐了解佛教文化，但是佛教旅游的发展也使佛教文化的普及和传播鱼龙混杂。目前，南京佛教文化旅游资源的开发缺乏系统性、完整性，资源开发大多处于初级阶段，缺乏对其内涵的深层挖掘和开发，基本上停留在一些观光等较低层次产品的开发上。大多数佛教旅游景点只进行了一些基础设施的建设，挖掘自己独特的文化特质不够，缺乏对蕴含在佛教旅游资源中的文化进行设计和开发，这就造成佛教旅游者得不到深层次的文化感染，从而降低了佛教文化景点的吸引力。

少数佛教文化项目和活动重眼前轻未来，重经济利益轻社会效益，商业氛围过于浓重，在佛教文化活动中掺杂了太多的商业行为，使其失去了应有的宗教文化面貌和属性。在市场经济的大潮下，如何把握时机，实现旅游价值资源的可持续发展，使旅游价值的利用开发更加科学化、合理化，实现经济效益、社会效益乃至生态效益的最大化，是当前面临的一个新问题。

三　佛教文化的品牌推广不够

南京佛教文化资源丰富，但从目前情况来看，其在国内外的影响力与实际地位并不完全相符。更为严重的是，因历史变迁、破坏等，其佛教历史文化地位正日益被人们遗忘。南京佛教文化资源的整体优势缺乏必要的宣传支持与舆论引导，佛教文化精品匮乏。一直以来，南京致力于佛教文化活动的开展和品牌打造，做出了努力，推出了佳品，达到了聚人气、造声势、见成效的目的。但文化特色不明显、亮点工程不够亮、拳头产品未形成的问题仍客观存在，这与南京历史文化名城的地位和形象还有一定的差距。

南京佛教文化宣传力度有待加强。佛顶骨舍利作为佛教至高无上的圣物的作用，还没有得到很好的发挥。佛顶骨舍利盛世重光六年来，仅仅在 2012 年到我国港澳两地供奉了 10 天，而同样作为中国汉传佛教三大圣物的法门寺佛指骨舍利和灵光寺的佛牙舍利，已经先后多次到尼泊尔、斯里兰卡、缅甸和我国港澳台地区供奉瞻礼。因此，必须在深入发掘南京佛教文化资源与内涵的基础上，加大宣传力度，提升南京佛教文化的影响力。

第四节　弘扬佛教文化，培育人文绿都
新优势的思路

弘扬南京佛教文化，培育人文绿都新优势，包括物质和精神两个方面。要通过整合各界资源，多元系统开发，科学规划，整体推进，使南京佛教文化资源得到多视角、高层次、全方位的整体展示，彰显南京"江南佛都"的魅力，打造佛教文化新高地。

一　抢抓国家重大战略机遇期，确立佛教文化发展新思路

佛教文化资源的开发利用要有大思路、大手笔，甚至大勇气，走出一条具有南京特色的佛教文化发展路径。在指导思想上，抢抓国家战略机遇，确立佛教文化发展的新思路。借"一带一路"倡议的东风，再启法显西行等佛教文化传播的"海上丝绸之路"；乘"复兴中国传统文化"的东风，弘扬佛教文化，使其成为人文绿都建设的新优势。

一是抓住国家重大战略机遇。以"一带一路"、长江经济带、长江三角洲城市群等国家重大战略和规划出台为契机，调整佛教文化在南京城市发展中的定位，在丝绸之路、沿江发展、城市群建设等方面找准切入点和落脚点。在"一带一路"相关国家地区，搭建城市间的宗教文化平台，建立文化交流和对话机制，以友好寺院、文化论坛、纪念活动等为纽带和桥梁，再现"一带一路"佛教文化之旅。将佛教文化纳入长江经济文化带及长三角城市文化群的范畴，突出联动和集群效益，共享文化资源，构筑宗教文化的交流渠道和高地。

二是强化资源创新转化意识。新常态下，弘扬南京佛教文化，培育人文绿都新优势，树立"文化优势即发展优势、文化亮点即城市亮点"的思想理念，在用好用足现有资源的基础上，把佛教文化外部动因转化为人文绿都内涵式发展的不竭源泉。南京佛教文化资源要从规模数量向质量效益发展方式转变，更加注重人文价值的挖掘和突出文化品牌的打造，充分展现厚重的佛教文化资源，做到有看点、有听点、有思点、有

记忆点，以优质的文化服务和文化环境，塑造"强富美高"南京城市新形象。

三是正确处理保护与开发的关系。佛教文化遗产的传承与保护，自然具有特殊性的一面。佛教文化资源的价值是多层面和多样的，开发什么，如何开发，取决于主体的价值取向。首先，树立"文化先行"的观念。南京佛教文化资源的深度开发利用，应以实现佛教文化当代价值为取向，包括向善的伦理价值、和谐的社会价值以及可持续发展的经济价值。强调佛教文化资源的转化与升华、文化内涵的探究与发挥，以提高开发档次，实现总体开发，突出特色，创新转化，科学管理，良性循环，防止盲目开发、低劣开发浪费、破坏资源的行为。其次，选择合理的开发模式。在开发中保护，在保护中开发，分阶段统筹规划，形成一个完整的开发体系，使佛教文化旅游资源走上持续健康发展之路。从国内大陆与我国台湾地区的佛教文化资源开发来看，主要形成了两种不同的模式：一是传统型的开发模式，主要以寺院或其他佛教文化资源景点收取门票，兼以开发宗教餐饮、宗教旅游纪念品等，内地寺院大多是这种模式；二是"商禅偕行"的现代发展模式，主要代表是河南少林寺、无锡灵山、台湾佛光山等。南京挖掘利用佛教文化资源必须因地制宜，突出特色，在借鉴外地经验的同时，充分考虑自身资源禀赋，处理好佛教文化资源保护与开发的关系，探索自己的发展道路。

四是加强顶层设计和资源整合。佛顶骨舍利的顺利重光及展示过程一再证明，对于佛教文化资源众多的南京而言，其成为一种新优势，顶层设计和资源整合尤为重要。统筹协调各方面的工作，将佛教文化与城市建设、社会发展、生态文明相结合，形成点、线、面、体协调发展的格局。佛教文化资源的开发利用需要宗教、文物、科研、旅游、园林、城建、媒体等部门间的协调，政府与文化企业的协调，需要整体利益和局部利益的协调。新时期南京佛教文化服从和服务于南京城市建设发展大局，突出抓好舍利文化、祖庭文化、梵刹文化等一系列文化品牌建设。要以佛教文化为根，兼顾宗教信仰和文化旅游需要，尝试寻求宗教、文化及旅游等方面的相互融合创新，将南京打造成僧众修行的殿堂、信徒瞻礼的圣地、佛学研究的重镇、佛教文化交流的中心、佛教文化产品的展示平台，在更高的层次共同形成推动南京人文绿都持续健康发展的新优势。

二　塑造特色佛教文化品牌，展现人文绿都城市新形象

南京打造佛教文化品牌可利用的资源相当丰富。彰显南京佛教文化，要从南京佛教资源的基础特点出发，逐步形成以供奉佛顶真骨为标志的舍利文化，以弘扬祖庭文化为标志的名寺集群，以倡导人间佛教为导向的居士修养基地，凸显"舍利文化""祖庭文化""名寺文化"三大品牌，提升佛教文化资源的整体品牌效应。另外，发展素食文化、禅修文化、礼佛文化等，提高社会的参与度和感知度，进一步丰富佛教文化的形式和载体，培育佛教文化的优势和亮点，从不同侧面展现南京人文绿都的独特魅力和底蕴，形成全国乃至国际上独具品牌特色的佛教文化旅游胜地。

一是舍利文化品牌。进一步发挥舍利文化的影响力，将南京建设成为世界佛教信众朝拜佛顶骨舍利的圣地。南京有当世仅存、世间唯一的佛教圣物佛顶骨舍利、感应舍利和4000多颗诸圣舍利，各寺院还有很多的高僧舍利，这些是其他城市无可比拟的。每年佛诞日前后，以"祈福入金陵，礼佛礼到顶"为主题，进一步丰富"礼佛节"内涵，提升品质，充分发挥佛顶真骨的独特价值，吸引国内外信众和游客到南京朝拜，瞻仰佛顶真骨和其他圣物。

坚持"走出去"策略，主打佛顶骨舍利文化牌，可在若干国家和地区巡回供奉，成为具有不可替代作用的和平使者。适时推动舍利赴东南亚佛教国家、中国台湾地区及国内西部地区供奉，以其特有的文化影响和精神凝聚功能，服从服务于周边国家地区的关系改善、文化认同、外交往来这个大局，以城市名片的方式向外宣传、推荐美丽人文南京，切实将南京打造成佛教徒的朝圣之都。

二是祖庭文化品牌。南京古代佛教典籍众多，高僧辈出，大部分佛教学派、宗派的创立由南京开始，或与南京有深厚的渊源。要突出祖庭文化特征，着重对独具南京特色的禅宗、三论宗、牛头宗、法眼宗、天台宗等"祖庭文化"进行深入挖掘和系统阐述，使之成为南京佛教文化的一大亮点。在抓好重点寺院提档升级的同时，更多地关注和建设清凉寺、瓦官寺、定山寺等宗派传承和历史悠久的古刹，以其作为南京佛

教文化展示新窗口，加强与日本、韩国及国内同宗同派寺院、僧人的文化交流和互动。

三是名寺集群品牌。这是彰显佛教文化的物质基础，也是与旅游相结合，为南京经济和社会发展服务的必要硬件。南京佛教鼎盛时期，寺庙以百千计。"钟山帝里，宝刹相临；都邑名寺，七百余所。"南京现存寺庙就规模及影响力而言，缺乏与江南佛都相应的声誉。可考虑逐步拓建和复建一些在佛教历史上有较大影响的寺庙，如幽栖寺、古林寺、瓦官寺、定山寺等，形成名寺集群，将信众的虔诚和游客对"南朝四百八十寺"的怀古情绪，转化为一定的经济效益。这既有利于佛教律宗僧众在南京保留受戒活动场所，又便于韩国、日本等国僧侣前来瞻礼祖庭，扩大南京佛教文化在国际上的知名度。

三　推动佛教文化与旅游融合，彰显人文绿都城市特色

进一步厘清南京佛教旅游资源的现状，对资源进行合理评估，用大智慧、大见识推动佛教文化与旅游的融合，推进佛教资源的旅游化改造。结合现代旅游发展的特点，在营销宣传、公共服务、活动策划、交通组织、体验参与等方面充分考虑游客的需求，使佛教文化成为南京旅游的灵魂，使南京旅游成为佛教文化的载体。要用佛教文化提升旅游产品的文化内涵，将无形的佛教文化形象化，零散的佛教文化聚集化，高雅的佛教文化通俗化，艰深的佛教文化大众化。

一是强化佛教文化资源的管理与共享。首先，加强景区科学管理。佛教文化旅游景区管理的科学化是佛教文化旅游资源可持续开发的关键影响因素之一。景区相关管理机构应加深对佛教文化的了解，将佛教文化旅游景区与普通旅游景区区别开来，根据佛教文化旅游景区的特点，制定有针对性的管理办法。景区各管理机构之间应加强沟通、互相理解、互相尊重。处理好寺庙、园林及政府相关部门之间的关系，加强横向联合，进行整体包装，协调利益分配，实现佛教文化旅游资源可利用程度的最大化。同时进一步开展好文明敬香、寺院环境和标准化建设，积极融入城市建设，让"人文"＋"绿色"的城市特色更加彰显。

其次，注重资源共享，景区联合。资源共享、景区联合的发展方式，是佛教文化旅游发展的主导方向。佛教自然景观与人文景观具有独

特的吸引力，如何充分利用两者各自的优势来促进自身发展，是佛教文化旅游景区在开发过程中首先应该考虑的问题。佛教文化旅游景区，相互之间凭借自身的资源优势，取长补短，实行景区联合，使得自然景观与人文景观交相辉映，从而为旅游者提供物超所值的旅游享受。

最后，提升宗教类型景区品质。加大宗教文化类型景区的综合开发力度。推进牛首山文化旅游区和金陵大报恩寺遗址公园开展国家等级景区创建工作，牛首山文化旅游区、金陵大报恩寺遗址公园创成国家AAAA 级旅游景区。依托主要景区的核心吸引力，加大周边区域配套开发力度，大力发展商业、休闲、文化创意、养生、禅修等项目，引领游客多方位"体验"佛教文化。

二是打造佛教文化旅游专线。南京在中国佛教文化发展中有特殊的地位，但对此人们缺乏深刻了解。在对南京佛教文化旅游市场进行充分调研、对外地成功经验进行总结的基础上，科学规划南京的佛教文化旅游线路。精心打造几条佛教文化旅游线路，如"朝圣之旅""祖庭文化""佛光圣迹""名寺集群""达摩禅踪"等。将牛首山文化旅游区、金陵大报恩寺遗址公园等与原有的佛教旅游景点进行设计串联，推出能够真正得以落地销售的南京佛教文化旅游专线。将大报恩寺遗址公园与夫子庙、秦淮河（长干里）、雨花台、晨光1865 五大景区沟通联动；将栖霞寺与幕燕风光带，灵谷寺与中山陵、明孝陵地区，鸡鸣寺、九华寺与玄武湖公园，毗卢寺与长江路文化一条街，明城墙与沿线寺庙，内外秦淮河与沿岸佛教文化遗址等资源有机整合起来。此外，还可以考虑将南京与江苏其他城市的佛教文化资源进行整合，形成几条以南京为龙头的独具魅力的佛教文化旅游线路。

三是积极开拓海外旅游市场。积极开拓面向日本、韩国、中国台湾、东南亚等国家和地区的境外市场。南京的佛教界与日本、韩国、中国台湾等东亚国家和地区交往甚密，自古以来在对外传播佛教的过程中担当重要的角色。日本民众中，来华商务旅游、经济考察、学术交流的人数增长较快，应该根据国外市场注重服务的特点，注重产品的质量组合与高水平的配套服务，加强政府主导型的具有针对性的市场促销策略，细化国外市场，重点突破，坚持不同市场不同做法，多元分层，区别对待，通过多种方式和渠道开展系列宣传推广活动，与历史文化、商务会讲、度假休闲等其他类别旅游产品进行延伸结合，实现对路营销。

四是科学设计佛教旅游产品。灵活利用现有资源，努力营造浓郁的宗教旅游氛围，深入挖佛教旅游文化的内涵，提高佛教文化旅游的品位。围绕明清金陵八景、四十景，秉承绿色环保理念，构建新的栖霞胜景、灵谷深松、祖堂振锡、清凉问佛、天界拓提、永济江流等文化绿景长廊。可将佛寺的建筑、佛教书法、佛像、壁画等开发制作成工艺品和纪念品，同时增强宗教旅游活动的参与性和体验性。根据不同市场、不同活动的实际需求，将佛教文化旅游产品与商务活动、休闲度假、研学修学、中医药养生等非佛教主题产品进行延伸串联，设计能够使游客身临其境体验宗教活动的旅游项目，增强宗教旅游的参与性。

四　加大佛教文化研究力度，奠定人文绿都软件基础

南京佛教文化资源丰富，曾是名扬中外的译经与刻经中心之一，今人对它的梳理研究远远不够。应做好文献资料整理、学术研究这些弘扬文化的基础性工作。佛顶骨舍利发掘后，南京市社科院、市文物局、宗教局等有关部门对南京佛教文化资源做了一些整理和研究工作，出了一些成果，如南京社科院编写的《佛顶骨的历史传承与南京佛教文化的历史源流论证报告》，叶皓编著的《佛都金陵》，赵德兴、蒋少华编著的《南京佛教小史》等。之前，还有杨永泉先生著的《三论宗源流考》、杨新华主编的《金陵佛寺大观》等。这种基础研究的状况与打造新优势不相匹配。由于研究基础薄弱，一定程度上制约了南京佛教文化的彰显和发展。另外，南京缺乏具备较强能力素养、有一定影响力的重量级佛教文化领军人物和人才梯队，这在一定程度上制约和影响了南京佛教文化的未来发展。因此，要提高佛教文化研究水平，必须加快人才培训，提高人才层次，加速人才引进，使南京成为高僧大德云集、研究成果迭出之地，这是彰显南京佛教文化的软件保障。

一是加强佛教文化学术研究。虽然学界对南京佛教文化研究已有诸多成果，但似乎关注学理层面的较多，尚未形成对南京佛教文化的系统研究和独立著作。要制定中长期佛学文化研究规划，加以系统的整理和研究。这是实现南京佛教文化从"重形式"到"重内容"转换的重要一步。重视佛教典籍的整理出版、佛教文化的系统化研究、佛教文化知

识的大众化普及、佛教文化资源利用整体规划的制定等工作。组织专家学者对金陵文化与佛教文化的关系、佛教文化与历史上的南京社会和经济的关系、佛教文化与当代南京社会建设的关系等诸多方面进行深入研究，编纂如《南京佛教文化通史》《金陵佛教文化》《南京历代寺庙》等系列著作，组织召开相关研讨会。要聚高僧之智，集佛教经典之大全，编纂《金陵大藏经》等佛教典籍。这是南京作为佛教中心城市的一个重要条件。

二是加强佛教文化人才队伍建设。南京佛教自古以来高僧辈出，名寺云集。南京的佛教史，是以支谦、法显、达摩、明僧绍、法融、僧佑、文益、杨仁山、欧阳渐、太虚法师等这些高僧名士为标志的。当年，设在南京的支那内学院曾经培养了一批高僧大德。目前南京缺乏大师级的名僧，这是南京佛教的弱势，也是彰显南京佛教文化的一个重点。因此，应加强佛教文化人才队伍建设，用好现有专家队伍，重视后备人才储备，强调领军人物培养，为佛教文化和城市发展提供智力支持和人才保证。由金陵刻经处与南京大学等高校合作培养从本科生到研究生的高层次佛学人才和僧才。组建佛教学会，争取以金陵刻经处为依托，组建正式的佛学出版机构，创立金陵佛学书局，承担海内外佛学书籍的经营业务。一方面，提高南京的佛教学术研究水平；另一方面，也可以培养和造就提高佛教人才，把南京打造成为中国当代佛教的教育、出版、研究基地和学术交流中心，使之成为江南佛学首府。可邀请国内外高僧担任南京几大寺庙的名誉方丈，担任佛教研究所、佛教学会、佛学书局的名誉所长、会长或顾问，拓展佛学研究的眼界和境界。

五　发挥佛教文化社会教育价值，培育人文绿都发展新动能

佛教提倡众生平等，提倡人与人、人与自然的和谐相处。其积极的意义是显而易见的。当代佛教在思想、哲学和思维方式等诸多方面产生着潜在的影响。要纠正只重视佛教旅游经济价值，忽视社会教育价值的急功近利的倾向。另外，要正视佛教文化的大众特征。引导佛教及文化与社会主义社会相适应，发挥宗教特有的社会整合功能、社会控制功能、心理调整功能和文化交往功能，重视和加强其在社会稳定、道德建设、心理调适、文化认同等方面的作用。调动佛教界的积极因素，充分

发挥其在调节心理、维护社会稳定方面的作用，充分发挥佛教道德教化功能，充分发扬佛教慈悲济世、服务人群的作用，充分发挥佛教对外交往的平台作用，让佛教文化成为和谐南京建设的有益营养和可贵资源。

一是传承和弘扬佛教优良传统。引导佛教法师和信教群众努力与社会主义社会相适应，培育和践行社会主义核心价值观，正信正行，如法如仪。高度重视佛教无形资源的有形化打造和策划。有能力的寺院，可以通过非营利的团队、组织形式走出寺院，将佛法教义与弘扬社会主义价值观相结合，策划系列佛教文化旅游活动，在国家政策许可的范围内大力开展佛教交流与合作，这是弘扬佛教文化的最终目的。

二是支持佛教界的改革创新。倡导人间佛教理念，提倡居士佛教，促进佛教的大众化、平民化、世俗化。从太虚、赵朴初到星云大师，他们积极提倡的人间佛教的主张，与建设和谐社会的目标无疑是存在契合点的。佛教文化应当是促进社会和谐的可用资源。发挥佛教教化功能，提升教众和市民的宽容诚信等道德修养；推动教会慈善事业发展，增进人际关系和顺；弘扬善心、善言、善行，形成以尊重生命、悲悯世人、广种福田为价值取向的社会氛围。通过倡导人间佛教，使佛教与时俱进，能够与变化中的现实社会相适应，成为参与和促进社会发展的积极力量。

六　积极开展佛教文化宣传交流活动，提升人文绿都影响力

开展佛教文化宣传与交流活动，搭建城市文化交流新平台，是城市文化活力和功能的集中体现。围绕佛教文化的形象定位，通过多种方式和渠道开展系列宣传推广活动，将其与历史文化、商务会讲、度假休闲等其他类别的旅游产品进行延伸结合，有针对性地策划宣传与交流活动。

一是全方位开展佛教文化宣传活动。梳理南京的佛教圣迹，在境内外高层次、大范围宣传，使南京佛教文化资源的优势得到多渠道、多方式、多层次、广领域的传播，进一步树立形象，扩大影响，塑造品牌。借助中央电视台、凤凰卫视、BBC、CNN、中国台湾东森电视台等境内外主流权威媒体，开展南京旅游新产品专题推广。加强佛教文化信息网络建设，与时俱进地开展佛教文化宣传工作。利用多媒体，通过南京旅

游网站、微博、微信等自有网络平台即时发布相关景区动态。面向重点客源市场做好"请进来"工作，同时加强域内宣传，让南京人了解南京佛教文化的独特魅力，增强南京人民的自豪感。

二是抓好"金陵礼佛文化月"系列活动。依法依规组织好佛顶骨舍利公开瞻礼，将音乐美术、文学书法、民俗戏剧等要素融入其中，不断推出更多更好的文化产品和特色项目。要从非物质文化遗产、佛教文化传播两个方面，充分认清金陵刻经处的宗教文化价值和作用，保护和利用好 10 万块经版这一佛教财富，除传统刻经技艺外，拓展其在佛教译经、佛学研究、教育等方面的文化功能。开展一系列高层次的文化交流活动，进一步扩大其国内外的影响，重新擦亮"招牌"，再启辉煌历程。

三是搭建佛教文化交流新平台。坚持佛教文化内核，利用牛首山佛顶宫、大报恩寺遗址公园等现有成熟平台，举办国家级、世界级大型佛教文化交流和研讨活动，积极为南京人文绿都建设、发展增色。争取设立由全国各地高僧大德和专家学者广泛参加的金陵佛教和平论坛、中国传统文化和佛教论坛，争取世界佛教论坛、亚洲宗教和平会议、世界宗教和平会议及大型佛教祈福活动、大型慈善募捐活动等有广泛影响的盛典在南京举行，邀请国内外知名高僧聚集南京，驻锡传法，提升南京在佛教界的知名度和影响力。广结善缘，在国际舞台上展示南京慈悲大爱、和平和谐的佛都形象。

第八章

南京文化旅游资源特征与发展路径研究

随着人们消费行为的变化，原市场份额较大的自然风光旅游产品增长率将下降，文化旅游作为一种全新的、附加值高的旅游形式呈现出强劲的发展势头。2009 年，文化部与国家旅游局联合出台的《文化部国家旅游局关于促进文化与旅游结合发展的指导意见》是我国第一份关于文化旅游发展政策的文件，随后《文化产业振兴规划》《关于加快发展旅游业的意见》《国家旅游局关于进一步加快发展旅游业　促进社会主义文化大发展大繁荣的指导意见》《国民旅游休闲纲要（2013—2020年)》等相继出台，一系列促进二者融合发展的重要举措，为文化旅游业的快速发展奠定了制度基础。从实践层面，各类遗迹遗址、博物馆等文化资源，一直是旅游业赖以发展的重要基础。文化与旅游的融合由来已久，而且形成了多种不同的融合发展模式。

2013 年 12 月 30 日，习近平总书记在主持中共中央政治局第十二次集体学习时强调，提高国家文化软实力，要努力展示中华文化的独特魅力，"让收藏在禁宫里的文物、陈列在广阔大地上的遗产、书写在古籍里的文字都活起来"，"要以喜闻乐见、具有广泛参与的方式，将中华民族在 5000 多年文明发展进程中，创造的博大精深的灿烂文化推广开来，传播出去"。在当前"文化＋""互联网＋"等发展新趋势下，旅游产业要更好地发挥作用，促进文化资源深度挖掘，必须实行"文化＋旅游"。文化是旅游的灵魂，只有将文化贯穿到旅游活动的各个环节，用独特的文化品格和文化魅力诠释旅游，才能使旅游更具吸引力。旅游是文化的载体，旅游资源蕴藏着丰富的文化内涵，是挖掘文化、丰富文化、保护文化、发展文化的重要途径。

南京是一座享誉世界的历史文化名城。古代文化与现代文明交相辉映，传统精粹与时尚活力水乳交融。50 万年的人类史、2500 余年的建城史和 450 年的建都史，串起了南京文化的浩瀚辉煌。500 多处文保遗迹，300 多项非遗项目，形成了南京文化的独特基因。在未来现代化的过程中，我们既要看到南京的文化优势，更要把握文化的发展脉络。发挥世界历史文化名城的优势资源，通过文化与旅游的融合发展，强化南京历史、生态、民俗等特色文化的传承、保护，推动文化"走出去"。

第一节　文化旅游的内涵、特征与市场开发

国内外学者对于"文化旅游"的研究，主要开始于 20 世纪七八十年代。关于其概念界定、发展路径、制约因素等相关研究比较丰富。从文化旅游的发展阶段看，文化旅游发展初期主要是作为旅游的一个重要分支，是旅游者通过了解旅游目的地的文化特色，从而满足自己的文化需求的一种活动。到了文化旅游发展的高级阶段，文化旅游更加注重创意和设计在文化旅游资源拓展中的运用，文化旅游资源一定要成为能够运转起来的"活"的资源。即文化旅游逐渐成为文化产业的重要组成部分，以历史文化遗产、自然风光为基础进行资源拓展，或者以文化活动作为核心产品的旅游，即强调文化旅游的动态发展——活动拓展后的展示，即活动经济。

一　文化旅游的内涵与特征

（一）文化旅游的概念内涵

文化旅游的概念早在 20 世纪 70 年代产生于美国，由美国学者罗伯特·麦伯特麦金托什及夏希肯特·格波特在其著作《旅游学：要素·实践·基本原理》中提出，认为文化实际上概括了旅游的各个方面，人们可以借助它来了解彼此之间的生活和思想。这一观点与世界旅游组织的定义类似，即文化旅游是人们想了解彼此的生活和思想时所发生的旅行，具体来说，通过某些具体的载体或表达方式，提供机会让游客鉴赏、体验和感受旅游地的地方文化的深厚内涵，从而丰富其旅游体验活

动。Smith 认为，文化旅游是指人类记忆中一种正在消失的生活和生产方式场景或地方特色，表现形式如旧式的房子、自家的纺织物、马或者牛拉的车和犁、手工艺品。① 旅游地活动包括在简陋的农家旅馆进餐、民间风俗表演、化装酒会或酒节，或者如粗犷的美国西部生活中的骑牛赛等。Reisinger 认为，文化旅游是指那些对体验文化经历有特殊兴趣的游客发生的旅游行为。② 文化旅游除了一般的遗产旅游，还包括艺术、信仰、习俗等，例如民族宗教活动、风味小吃的品尝以及地方音乐戏剧舞蹈等，同时自然历史的旅游，了解旅游目的地的动植物的生态旅游，参加体育活动和观看体育赛事的体育旅游，以及农业旅游等都在文化旅游之列。Stebbins 认为，文化旅游是一种特殊的兴趣旅游，建立在对新颖的、深邃的文化的搜寻和参与体验之上。③

　　20 世纪 80 年代，随着国外旅游业的发展浪潮，国内一些学者开始对文化旅游进行研究。魏小安最早在《旅游文化与文化旅游》一书中提到文化旅游，强调对于旅游者来说，旅游活动也是一种文化活动，而对于旅游经营者来说，旅游业要具有文化特点。④ 关于文化旅游的概念，更多的学者将其定位为一种专题旅游形式，或者是特殊旅游形态，包括历史文化旅游、建筑文化旅游、宗教文化旅游、民俗文化旅游、饮食文化旅游等。⑤ 也有学者将文化旅游与旅游活动等同。吴必虎认为，所有的旅游活动都可以视为文化旅游范畴，包括一般文化旅游、遗产旅游、博物馆旅游、美术馆旅游、艺术欣赏旅游、民俗旅游与民俗风情旅游等。⑥ 朱桃杏和陆林认为广义的文化旅游与一般旅游活动区别甚微，文化旅游是指在寻求和参与全新或更深文化体验基础上的一种兴趣旅

①　Smith V. L. , Introduction. In: SmithV. L. *Hosts and Guests*: *The Anthropogy of Tourism.* The University of Pennsylvsnia Press，1997，pp. 1 – 14.

②　Reisinger Y. , "Tourist-Host Contactas Part of Cultural Tourism"，*World Leisure and Recreation*，No. 3，1994，pp. 24 – 28.

③　Stebbin R. A. , "Amateurs, Professionals, and Serious Leisure"，*Canadian Journal of Sociology*，Vol. 18，No. 2，1992.

④　转引自魏小安、邱毅勇《中国旅游业发展战略初探》，《旅游学刊》1987 年第 1 期。

⑤　吴芙蓉、丁敏：《文化旅游——体现旅游业双重属性的一种旅游形态》，《现代经济探讨》2003 年第 7 期。

⑥　吴必虎：《区域旅游规划原理》，中国旅游出版社 2001 年版。

游，因为旅游说到底是一种文化现象，任何一次旅游经历，都是一次对新文化的体验。①

综合国内外的观点看，对于文化旅游的概念虽然很难达成共识，但无论是从旅游者的动机和体验出发，不是从旅游经营者的营销手段来讲，或就文化旅游产品的自身角度分析，对文化旅游的内涵还是有一些共性的分析。第一，强调旅游资源。即文化旅游是基于文化旅游资源的，也是很多学者所提到的"异质文化"的载体。第二，强调旅游体验，是旅游者对异地异质文化的求知和憧憬，以实现特殊的文化感受。第三，强调文化特色。文化旅游是以文化互异为动机，以文化互动为过程，以达到文化融合的结果。如果说文化旅游发展的初期只是作为旅游的一个分支存在，是人们出于对不同环境的向往，从而离开自己熟悉的环境去感受不同的文化，那么当文化旅游发展到高级阶段，则是以文化活动为核心产品的旅游，需要人为地去进行活动规划，拓展资源，提出创意，打造品牌，以满足旅游者的文化需求。具有民族特性和地域特色的文化旅游产品，是文化旅游生命力的重要保证。

（二）文化旅游的基本特征

文化旅游与区域文化的交流、碰撞、融合和传播过程密切联系，具有地域性、艺术性、互动性等基本特征。②

地域性是指某一具有共同起源的人群所形成的社会阶层类型。文化旅游是跨民族文化的过程，其民族特点越独特，对旅游者的吸引力也越强。区域文化的差异发展，形成了不同民族自己的文化特色，旅游者在不同的文化区内进行各自不同的经历，在感受多元化与异域文化的过程中，所接受的多元刺激与图景将成为个人或其他人旅游动机以及旅游文化传播的动因。

艺术性是指人们反映社会生活和表达思想感情所体现的美好表现程度。文化是文化旅游资源的主要内涵，文化的艺术性是指艺术产品通过各种艺术手段反映社会生活、表达思想情感所达到的鲜明、准确、生动

---

① 朱桃杏、陆林：《近 10 年文化旅游研究进展》，《旅游学刊》2005 年第 6 期。
② 侯兵、黄震方、徐海军：《文化旅游的空间形态研究——基于文化空间的综述与启示》，《旅游学刊》2011 年第 3 期。

的程度。艺术性表现在文化旅游产品的设计、文化旅游项目的策划等方方面面，可以从艺术情节的生动性和曲折性、艺术表现的民族性和独创性等方面来衡量。

互动性是指文化旅游是两种不同价值观和价值标准的文化相互碰撞的过程。在旅游跨文化传播中，需要发现两种文化差异中的共通性，从而达到文化互补交融。① 由于旅游观念的不断发展，旅游者不再满足于"有物可看，有话可说"的传统旅游经历，而更加期望于通过视觉、味觉、听觉等全方位参与，充分体会旅游目的地的文化内涵和地方特色。

二　文化旅游地的开发与保护研究

相关学者就文化旅游地的文化旅游资源、特征及社区居民等方面积累了大量的研究成果。初期的研究主要集中于特色文化资源的开发可行性及对策研究。Edwards（1996）对工业遗产的旅游发展潜力进行了研究，提出工业遗产旅游应被列入更广泛的遗产旅游的框架。马晓京分析了民族旅游开发对民族文化的消极影响，探讨了西部民族旅游开发中民族文化的保护问题。② 许志晖在总结了文化旅游的基本属性与国内外主要开发模式的基础上，根据南京文化旅游的基础与开发现状，探讨了南京市文化旅游深度开发的模式与重点整合方向。③ 陈传康从形象策划的角度对泰山文化旅游城进行了形象策划，并分析了其理念基础、行为形象、视觉形象和传播行销的渠道。④ 刘昌雪等认为，皖南古村落通过发展旅游业带动社会和经济发展，是增强自身能力的现实选择，只有遵循可持续发展原则，才能真正实现旅游发展与古村落发展的"双赢"。⑤

---

① 吴芙蓉、丁敏：《文化旅游——体现旅游业双重属性的一种旅游形态》，《现代经济探讨》2003 年第 8 期。

② 马晓京：《西部地区民族旅游开发与民族文化保护》，《旅游学刊》2000 年第 5 期，第 46—49 页。

③ 许志晖、丁登山、向东：《对南京文化旅游开发模式与整合重点的探讨》，《人文地理》2006 年第 3 期。

④ 陈传康、王新军：《神仙世界与泰山文化旅游城的形象策划（CI）》，《旅游学刊》1996 年第 11 期。

⑤ 刘昌雪：《皖南古村落旅游发展若干问题研究》，硕士学位论文，安徽师范大学，2004 年。

梁学成认为，多元化旅游产品是文化遗产资源开发的必然选择，并结合我国旅游资源开发的实际，提出了具体的对策和建议。[①]

随着研究的深入，在旅游文化开发方面，注重游客及社区居民调查中的社区参与，成为近年来文化旅游资源开发研究的重点。Ted 在考虑旅游业中遗产重置问题时，对游客和遗产地居民进行了调查，结果表明，当地社区居民更倾向于保持遗产地原有风貌和相对封闭的生活空间。[②] 麦基谢尔（McKercher）从我国香港大众文化旅游的属性产品进行研究，认为我国香港大众文化旅游主要有五个属性：产品、体验、市场营销、文化、领导，其中前三个属性对文化旅游地的发展至关重要。[③] 同时指出，旅游服务设施与旅游节点是旅游发展的重要机遇，文化旅游地的多功能性是文化旅游地受游客欢迎的关键因素。

三　文化旅游者的行为与市场研究

相关学者分别从文化旅游者的动机、行为特征、市场吸引力等方面展开了丰富的研究。关于旅游动机，多数学者认为，旅游者较强的求知意愿以及在旅游途中的求知过程，是区别遗产旅游者和其他类型旅游者最为关键的因素之一。Hall 和 MaArthur（1998）将遗产旅游者特征大致概括为人口统计特征、社会经济特征、地理分布特征、消费心理特征和行为特征，前三者属于客观性衡量因素，易于辨认和衡量，后两者属于推断型衡量因素，衡量起来较为困难。Charters 对爱好酒或以酒产地为首选旅游地的游客进行了研究，并对酒文化旅游者的行为和特征进行了探讨，提出了一个三维（游览目的、基本动机与旅游行为的关系）分析模式。[④] Samuel Seongseop Kim 区别了去韩国旅游的不同动机，发现不同国家的文化对去韩动机有着非常显著的影响，需要为不同国家的游客

①　梁学成：《多元化旅游产品：文化遗产资源开发的必然选择》，《旅游学刊》2010 第 5 期，第 9—10 页。

②　Peggy Ted，B. S. A. Yeoh，"Remaking Local Heritage for Tourism"，*Annals of Tourism Research*，Vol. 24，No. 1，1997，pp. 192－213.

③　Bob Mckercher，Pamela S. Y.，Hilary du Croa，"Attributes of Popular Cultural Attractions in Hong Kong"，*Annals of Tourism Research*，Vol. 31，No. 2，2004，pp. 393－407.

④　Steve Charters，Jane Ali-Knight，"Who is the Wine Tourist?"，*Tourism Management*，Vol. 23，No. 3，2002，pp. 311－319.

制订不同的营销计划。① 关于文化旅游者的行为特征研究，Silberberg 讨论了博物馆和遗产地文化旅游及商机问题，认为文化旅游给博物馆和遗产地带来重要的经济利益，但博物馆和遗产地文化旅游需要有关政策和实践进行保障，如吸引游客、社区合作和市场营销等，同时需要对经营者进行遗产保护和相关知识的教育。② 冯淑华研究了古村落旅游吸引力、旅游客源的特点，以及客源地与旅游地之间的关联度，并通过对旅游者行为模式的研究，揭示了相同条件下不同旅游者的行为特点，为古村落旅游产品的设计、开发提供借鉴。③ 欧洲旅游与休闲教育协会在九个欧洲国家的 50 个遗产和文化景点进行了 8000 多项调查，对于文化和遗产旅游者的市场特征研究，具有里程碑的意义（Richards，2001）。Verbeke（1996）研究了城市博物馆旅游市场，并通过梯度法进行问卷数据分析，总结了游客动机和市场行为模式。李一平以我国香港遗产旅游地为例，探讨了遗产地市场需求吸引力的适应性问题，并提出了遗产地承载力矩阵模型。④ 梁学成认为，文化旅游产品的市场地位既要有高雅的宫廷文化，也要有民俗、民间的市井草根文化，这样才能充分体现文化遗产资源的多样性。⑤

随着居民生活水平的不断提升以及信息化技术的突飞猛进，居民文化的消费内容不断趋于精品化，消费需求更加个性化，消费空间更加多元化。在当前"文化 +"的发展趋势下，文化旅游的快速发展带动了学界文化旅游研究的热潮。总体来看，国外研究起步较早，集中于遗产旅游的开发和管理、价值、可持续发展等问题。国内研究主要集中于文化旅游资源的开发与保护、旅游文化的概念等方面。文化旅游涵盖了古

---

① Samuel Seongseop Kim, Bruce Prideaux. "Marketing Implications Arising from Comparative Study of International Pleasure Tourist Motivations and Other Travel-related Characteristics of Visitors to Koera", *Tourism Mangement*, Vol. 26, No. 3, 2005, pp. 347 – 357.

② TedSilberberg. "Cultural Tourism and Business Opportunities for Museums and Heritage Sites", *Tourism Management*, Vol. 16, No. 5, 1995, pp. 361 – 365.

③ 冯淑华：《古村落旅游客源市场分析与行为模式研究》，《旅游学刊》2002 年第 6 期，第 45—48 页。

④ Yiping Li. "Applicability of the Market Appeal-robusticitymatrix: A case study of Heritage Tourism", *Tourism Management*, No. 25, 2004, pp. 789 – 800.

⑤ 梁学成：《多元化旅游产品：文化遗产资源开发的必然选择》，《旅游学刊》2010 年第 5 期。

迹游览、民俗体验、宗教文化旅游、饮食文化旅游、艺术欣赏旅游等，其涉及面广，关联度高，带动性大，辐射力强，在"文化＋"的大背景下，在旅游业和文化产业合力发展的驱动下，呈现出快速发展的良好态势。

第二节　文化旅游产业的未来发展趋势

党的十八大以来，国家出台了"一带一路"倡议、长江经济带等重大空间发展战略，出台了供给侧改革、"互联网＋"等重大经济结构调整战略，这一切为文化旅游融合发展开拓了更广阔的空间。

一　供给侧改革引领新方向

美国《华尔街日报》指出，中国消费者对于更安全的食品、更好的医疗保健以及其他能改善生活质量的商品服务的需求不断增长。中国并非需求不足，要做的是通过供给侧改革来满足这些未得到满足的需求。随着人们消费水平的提升和消费方式的多元化，游客需求从"观光"到"体验"不断转变，未来游客的个性化和多样化的消费需求将显著增强。要通过模式创新、服务创新和管理机制的创新，提高旅游供给侧的创新能力，满足人们日益增长的多样化、多层次的旅游消费需求。要以创新为引领，不断丰富文化旅游融合发展的开发模式，如主题公园、度假区和各种非传统、创意的景区，以提高有效供给，提升供给水平，改变过去旅游产品结构性失调、供需错配的问题，提振入境旅游，构建"旅游＋"融合发展新格局。

二　"互联网＋"创造新需求

"互联网＋"时代的到来，促进了旅游业向信息化、智慧化转向，为旅游业培育新产品新业态、塑造新商业模式、拓展新的发展空间带来契机。然而，当下的旅游供给体系的弊端日益显现，与自助化、大众旅游、定制化高端旅游供需错位更加明显。一方面，要推动云计算、大数据、物联网、移动通信终端技术在文化旅游发展中的运用，加强旅游景区、酒店、乡村、城市等旅游业态的信息化和智慧化建设。另一方面，注重高科技手段的运用，在展示文化旅游资源文化内涵的同时，通过创新文化体验模式，以影视传媒、综艺节目、互联网娱乐等文化旅游体验，为文化旅游消费者提供更多的选择。

三　时空延伸衍生新消费

后工业化时代，随着人们生活水平的提高和生活方式的改变，传统的文化旅游消费时间被延长，从传统的 12 小时延至 24 小时。全时域化的背景下，人们所能享受各种服务的时间被拉长。根据国际经验，人均 GDP 超过 5000 美元，消费结构趋向休闲型、享受型。通过开展文化影视、文化演艺等丰富多彩、形式各异的夜间旅游，丰富夜间旅游形态，成为新一轮城市旅游消费升级的主要体现。从空间上讲，现代文化旅游活动不再局限于传统的文化旅游景点，开始向酒吧、茶吧、剧场、各种旅游信息交流中心等场所延伸，文化旅游消费开始向城市文化娱乐消费空间延伸，城市特色小镇等集办公、旅游、创意、生活于一身的旅游模式将成为新的热点。

第三节　文化旅游资源开发的主要模式

基于对文化旅游的界定，通过梳理国内外文化旅游资源禀赋良好、文化旅游资源开发程度较高的城市，从文化创意、文化体验、资源禀赋三个维度总结出以下三种模式，即历史文化生活体验模式、文化创意产业集聚模式、优质特色资源衍生模式，为南京文化旅游资源的开发提供参考。

一　历史文化生活体验模式

（一）江苏苏州：精致苏州，品质为本

苏州历史悠久，是吴文化的发祥地，素有"人间天堂""东方水城""中国园林之城"的美誉。2014 年 4 月，苏州市最终确定"精致苏州　品质为本"为城市质量精神表述语。

1. 精致格局："双棋盘"格局为文化旅游带来浪漫雅韵

苏州是一座建筑密度很高的城市，但建筑物的高度却可能是全中国最低的。苏州城的规模不是很大，原本的"双棋盘"格局基本上没有改变，很多狭窄的青石板或青砖小芭，白墙青瓦的民宅得以保存。其间点缀着小河和中国最著名的园林，有一种小桥流水的情趣和清悠淡雅的神韵。这使得整个城市看上去就像一幅水墨画，也使苏州新建筑的外观与旧建筑十分成功地保持着统一。

2. 精致文化：城市形象的本质表现，文化生活的直观感知

苏州城市文化本质意义上的关联性和整体性，是苏州城市形象特色的关键。不论是苏式生活、苏州实力还是姑苏文化，所反映出的苏州城市形象本质是精致。"精"体现了苏州文化、城市精神的内在，即往深处钻研；"致"则是外在，就是要做到极致。

3. 精致细节：公交站台等细节魅力，提升游客体验好感度

苏州的精致不仅体现在苏式园林中，也体现在城市建设的细节方面。以人民路上的特色公交站台为例，一座一座的站台都是棕色的亭子，精致典雅。此外，苏州立交桥下也有很多短小的装饰性水泥墙，每堵墙上所开之门的形状都不一样，门上写着一个花园的名字，象征苏州的若干园林。

（二）"音乐之都"维也纳：歌唱文化体验融入每一个角落

谈音乐一直都离不开维也纳，它是孕育出音乐天才莫扎特、贝多芬、舒伯特和约翰·施特劳斯的圣地。维也纳悠久的音乐遗产，延续至今。

1. 处处舞台处处歌：全城音乐文化参与体验氛围

维也纳堪称绿色的音乐世界，市民拥有的人均钢琴数量多于汽车，无论是在街头或是餐馆，都可以听到悠扬的乐曲，甚至公共集会、政府会议都要演奏一曲古典音乐。每当傍晚漫步在维也纳商业中心凯恩特纳大街，走在通往圣·史蒂芬大教堂的路上，能看到许多街头音乐家各种类型的表演，曲目五花八门。

2. 可以触摸的音乐：城市标志景观

维也纳作为一座音乐之城，其象征音乐的标志性景观及标志性场所几乎遍布全城，漫步维也纳，随处可见。其中最著名的莫过于金色大厅

和维也纳国际歌剧院。维也纳的金色大厅，是各国音乐爱好者心中的圣殿。另外，还有公园里莫扎特、舒伯特、斯特劳斯的塑像，贝多芬、勃拉姆斯广场，音乐家故居、纪念馆，以音乐家命名的咖啡馆，维也纳公墓中音乐家碑群等。无论走到哪里，都会被音乐的气氛包围着。

3. 音乐成为时光刻度尺：全年丰富的音乐文化旅游活动

维也纳有着丰富多彩的音乐演出活动，歌剧院、音乐厅几乎天天排满，各种应时性演出也是琳琅满目，如圣诞节音乐会、新年音乐会、维也纳艺术节、夏季露天电影音乐节、现代音乐节等。维也纳的音乐生活不仅继承了其优良的传统，而且也得到了新一代人的支持和推动。维也纳市长甚至把每个月为市民举办一次免费的露天音乐会，作为其施政计划的一部分。

二　文化旅游产品创意开发模式

（一）浙江杭州：古都焕发文化创意新时尚

从"反思·进化""余杭纸伞的未来"到2012年的"From 余杭"，"杭州创造"在米兰的三次问鼎，将古都杭州推上了世界设计的舞台。2012年4月10日，杭州市加入联合国教科文组织"全球创意城市网络"，传统工艺和民间文化成为杭州走向世界的另一张名片。

1. 城市更新：文化导入，老厂房变身创意产业园

城市中废弃的旧厂房和旧仓库等资源的更新和再利用，是许多城市面临的共同命题。杭州通过创意改造，循环利用，将文化推广融入城市更新的过程。近年在杭州出现了一系列以"创意"为名的产业园，如西湖创意谷、LOFT 49、之江文化创意园等。其外观保留了原本的旧仓库、旧工厂的原貌，室内设计则充分体现了现当代的前卫设计理念。在功能上通常为艺术展馆或者酒吧、咖啡厅等休憩场所，兼具艺术欣赏与休闲娱乐功能的模块设计。

2. 品牌效应：工艺美术集聚区与会展节庆联动，培育特色文化活动品牌

依托杭州工艺美术博物馆群、清河坊、天工艺苑、岳王艺术城等工艺美术集聚区，杭州市形成了工艺品加工、制作、展示、交易基地，并形成了中国（杭州）文化创意产业博览会、中国（杭州）印文化博览

会、中国（杭州）工艺美术精品博览会等会展活动品牌，来培育国际性文创产业及工艺与民间艺术展示交易平台。

3. 古韵今风：复古元素与当代风潮结合的文创产品

纸伞、青瓷、丝绸、竹器，都是杭州传统手工艺的经典。2012 年，一支名为"品物流形"的设计队伍将这些杭州元素推向世界舞台。杭州逐渐开始解剖传统文化，保留复古元素，解读当代风潮。传统手工艺品的特征之一是繁复的色彩和精细的花样，将传统工艺的"形"与当代简约主义理念中的"色"相结合，实现了古与今的对话，为民间工艺产品增添了时代气息。

4. 原汁原味：在创新的同时保留传统，深挖茶文化旅游

杭州市是中国茶文化的发源地之一，其中西湖龙井以其上好的品质和精致的制茶技艺被评为中国十大名茶之一。在茶文化的体验上，以龙井村为代表，杭州从触觉、味觉、嗅觉、听觉、视觉五大感官角度，对茶文化进行全新的解读。触觉上，为参观者提供参与采茶、制茶的机会，以互动加深对茶文化的理解。味觉、嗅觉、听觉上，将品茶与茶艺表演结合，闻茶香，听茶声，品茶味，将茶文化发展为一种茶艺术。

（二）阿根廷布宜诺斯艾利斯：多元融合集聚创新力量

布宜诺斯艾利斯城市面积达 4326 平方公里，是一座拥有 400 多年历史的国际化大都市，容纳了来自不同文化背景的移民。2005 年 8 月 24 日，布宜诺斯艾利斯成为全球第一个被联合国教科文组织授予"设计之都"称号的创意城市。

1. 创新力量：多元文化、人才培养、政策鼓励等多重优势

布宜诺斯艾利斯对多元文化兼容并蓄，吸引了大量意大利、西班牙等国的移民，各种文化的相互碰撞形成了对创意设计产品的巨大需求。同时，当地重视设计创业产业的人才培养，本土设计师已发展了三代，本身就奠定了坚实深厚的设计传统。政府还采取了一系列鼓励创意设计产业发展的措施，如推动设计产业与工商业产业相融合，举办国家都市设施设计比赛，吸引民间投资，积极开展各种活动等。

2. 产城融合：不设围墙，开放式的文化创意产业集聚区

圣特尔莫（San Telmo）是布宜诺斯艾利斯最古老的区域之一，集中了多个现代家庭旅馆、古董艺术家工作室、个性创意小店、咖啡馆、

教堂等。周末区内的多罗歌广场（Plaza Dorrego）热闹非凡，许多摊贩在广场上卖古物古董、工艺品，不少摊贩是当地的设计师和能工巧匠，周末创意集市成为他们的作品直接面向市场的最好渠道。

3. 衍生产品：探戈成为城市文化旅游新符号

阿根廷是探戈的发源地。在布宜诺斯艾利斯，探戈已经成为这个城市的文化符号。探戈已不仅仅是一种舞蹈形式，而且更多地成为城市的文化 Logo，被广泛地运用到演艺、红酒业、餐饮业、艺术品、绘画、旅游、广告、纪念品等众多行业，带动了相关产业的发展。如探戈造型的玫瑰石工艺品、文具、茶杯、冰箱贴等，成为畅销的旅游纪念品。

三　特色文化旅游资源衍生模式

（一）"牡丹花都"洛阳：多向度挖掘牡丹资源优势

1. 看牡丹到洛阳：历史造势，打造独特城市景观

"洛阳地脉花最宜，牡丹尤为天下奇。"洛阳牡丹始于隋，盛于唐，"甲天下"于宋，至今已有 1500 多年的历史。在这漫长的历史进程中，洛阳成为人们心中观赏牡丹的圣地。唐朝时期，牡丹被誉为"国花"，不论在宫廷还是民间都备受宠爱，洛阳城内的家家户户都有栽种。北宋时期，洛阳牡丹的种植规模再度扩大，人们把这种雍容华贵的牡丹花看作太平盛世与富贵生活的象征。1982 年，洛阳命名牡丹为"市花"。洛阳各大公园、生产园圃、街道、机关、庭院遍植牡丹，种植面积近万亩，让洛阳成为名副其实的"牡丹城"。

2. 景入书画，气泽歌舞：可观可感的牡丹气息

以牡丹花会为载体，深度挖掘牡丹文化内涵，打造了大型歌舞剧《河洛风》《十万宫廷乐舞》等精品，涌现出了周彦生、王绣等一批全国知名的牡丹画家。孟津县平乐镇平乐村有百余个牡丹画专业户和 400 多名农民画师，年创作牡丹画 10 万余幅，被誉为"农民牡丹画创作第一村"。

3. 从单一旅游到产业融合：规模化生产，基本值与附加值并存

洛阳市充分发挥洛阳牡丹的品牌和资源优势，提升洛阳花城的形象和品位，全力打造牡丹花卉产业，进行规模化生产，营造出"满城尽是牡丹花"。种植牡丹花的同时，洛阳进一步挖掘牡丹的价值，充分发挥

创新意识，对牡丹进行深加工，生产出牡丹化妆品、牡丹干花、牡丹食品、丹皮、牡丹枕等10余类深加工产品，牡丹剪纸、牡丹刺绣、牡丹三彩、牡丹瓷、牡丹玉石等工艺品已开始推向市场。

4. 洛阳牡丹文化节：城市形象名片、迈向世界的平台

洛阳在把牡丹视作普通的具有经济价值的产品进行规模种植的同时，还举办多种文化活动，展现牡丹花所包含的文化内涵，大力宣传牡丹花。中国洛阳牡丹文化节的前身为洛阳牡丹花会，已入选国家非物质文化遗产名录，作为全国四大名会之一。至2012年，洛阳牡丹花会成功举办30届，并在2010年升级为国家级文化盛会。

（二）日本神奈川县：营造温泉养生与名人文化氛围

神奈川县位于日本关东地方西南端，东京以南，面向太平洋。该县受太平洋暖流的影响，气候温暖，拥有日本最大的贸易港、丰富的温泉旅游资源、优良的工业环境和众多的人口。

1. 充分利用箱根优质温泉资源，成为吸引全世界游客的温泉养生故乡

风景好、温泉好、古迹多的箱根，是闻名世界的景点。除了芦之湖，箱根的其他名胜还有大涌谷、小涌谷，都是日本非常特别的温泉。箱根的温泉得到了充分的开发和保护，在这里可以感受日本最特别的温泉养生文化。

2. 依托老建筑打造名人文化，川端康成成为古都镰仓的一张名片

由于喜欢镰仓的古朴，日本大文豪川端康成曾长期居住在镰仓。镰仓是日本幕府统治的政治和文化中心之一，有许多历史悠久的神社、寺院等，拥有许多毫不逊色于京都和奈良的神奈川县厚木市荻野山中阵屋及文化遗产。当地流传着许多关于川端康成的故事，很多文人墨客在这里寻找川端最后的足迹。

3. 注重寄木细工和足柄茶等特色物产的品牌营销

拥有200年历史的寄木细工是箱根地区和海外特产店都能看到的传统工艺品，神奈川名品足柄茶曾被评为"全国茶品评会一等奖"。它们都是神奈川大街小巷都能买到的特色产品。

第四节 南京文化旅游资源开发的现状分析

南京是中国历史文化名城，也是我国四大古都之一，不仅具有悠久的历史传统，而且形成了自己鲜明的文化旅游资源特色。

一 资源开发的优势和不足

通过借鉴国内外对文化旅游类型的划分方法，可以将对文化的感知程度作为依据，把文化旅游分为三种类型：一是静态文化旅游。也就是物质层面的文化景观旅游，包括文物、遗址、古建筑等，以文化景观和文化旅游商品为主，能满足游客对旅游审美的感知要求。二是动态文化旅游。即旅游目的地的文化风情体验旅游，如居民日常生活习俗、节日庆典、祭祀、体育活动和衣着服饰等，这种文化旅游类型具有鲜明的民族性、地域性以及强烈的文化感染力，能满足旅游者的"求知、求新、求异、求美、求奇"的精神文化需求。三是抽象文化旅游。包括意识层面的艺术、宗教、伦理道德等，属于文化旅游资源系统的较高层次，因此需要旅游者具有较高的文化素养以及一定的审美经验。

综合考量文化旅游的基本属性，将南京文化旅游资源分为都城文化旅游资源、科教文化旅游资源、民俗文化旅游资源、佛教文化旅游资源、文学艺术文化旅游资源、现代城市文化旅游资源六大类型，并分别从静态文化旅游、动态文化旅游、抽象文化旅游三个层面来考察各类文化旅游资源的发展优势和不足。

（一）都城文化资源开发

南京的都城文化主要以六朝、明朝和民国时期的遗址、建筑等文化资源为主，在全国来看都具有非常明显的唯一性特征。具体而言，六朝文化的代表分别是石头城、六朝石刻、灵谷寺无梁殿、古桃叶渡、台城、乌衣巷、朝天宫等。现存明代文化旅游资源十分丰富，如明孝陵、午朝门、明故宫、灵谷寺无梁殿、明城墙、大报恩寺、鼓楼与大钟亭、中华门瓮城、龙江宝船厂、夫子庙和江南贡院等。明代都城城墙基本上保持完整，以独特的不规则格局在我国城垣史上占有重要的地位。南京的民国遗迹留存也十分完整，主要资源有中山陵、总统府、颐和路公馆区、国立紫金山天文台旧址、原国民政府旧址、中山大道沿线建筑、圣保罗堂等。

就南京都城文化旅游资源的开发现状而言，目前大多是以文物、遗址、古建筑为依托的静态文化旅游资源，资源本身体量丰富且质量较高，但上述旅游目的地的文化风情体验旅游，现阶段仍较为缺乏，抽象文化符号尚未形成体系。

（二）科教文化资源开发

从文化旅游资源看，南京的科教文化遗产以中央大学旧址、江南贡院等为代表。南宋时期，南京设立江南贡院，是县、府学考试场所。朱元璋定都南京后，乡试、会试都集中在南京举行。明清两代对贡院均有扩建，到清光绪年间，贡院占地达数万平方米。其规模之庞大，为当时全国23个行省的贡院之最。至同治年间，已建供考试用的"号舍"20644间，还不包括司考官员办公住宿用房在内。民国时期，南京最有影响力的学府是国立中央大学，该校起源于1902年开始筹建的三江师范学堂，1949年更名为国立南京大学，1950年改称南京大学。1952年，在中华人民共和国实施的院系调整中与金陵大学等校有关院系合并调整，成立南京大学；还有南京工学院、南京农学院、南京师范学院、华东水利学院、华东航空学院、南京林学院、第五军医大学等。

就南京科教文化旅游资源的开发现状而言，目前已经开展了一些动态文化旅游，如江南贡院科举博物馆的科举考试体验项目。未来可继续充分挖掘高校校园文化旅游资源，形成原国立中央大学校园游线。

（三）民俗文化资源开发

南京民俗的特色主要体现在民俗文化大俗大雅方面。由于南京人文化素养高，又具有"六朝烟水气"，反映在南京的民俗身上就表现出形式多样、直面大众、格调高雅、不落俗套的特点。以最为典型的元宵灯会为例，正月十五是农历一年中第一个月圆之夜，称元夜，夜与宵同义，便称元宵。食品也由食用豆粥改为品尝元宵（汤圆），南京有"上灯元宵，落灯面"之俗。明清两代，南京元宵灯会有玩龙灯和挂纱灯之俗。如今秦淮灯会已成为首批国家级非物质文化遗产，是国内唯一的融灯展、灯会和灯市为一体的大型综合型灯会。

就南京民俗文化旅游资源的开发现状而言，目前已初步形成了夫子庙民俗文化为主的、具有鲜明地域性及文化感染力的民俗体验旅游资源，可在此基础上进一步深化开展其他主题民俗活动的文化旅游，形成夫子庙民俗文化、梅花山国际梅花节等多个民俗文化品牌。

（四）佛教文化资源开发

南京拥有 1780 多年的佛教文化发展史，历史上既是古代中国出现佛教活动的最早城市之一，又是近代中国佛教文化的传播、研究中心。中国佛教史上，许多宗派的创立与南京有关，三论宗、牛头宗、法眼宗均创建于南京。南京佛教文化底蕴丰厚，佛教文化遗存众多，不同时期的佛教文化遗存有上百处，如大报恩寺、鸡鸣寺、栖霞寺、牛首山、金陵刻经处、毗卢寺等。

就南京佛教文化旅游资源的开发现状而言，目前已有一些旅游资源形成了特有的文化品牌，例如大报恩寺的佛顶骨舍利、鸡鸣寺求姻缘、栖霞寺赏红叶，未来应进一步深挖以大报恩寺"南朝四百八十寺"之核心的佛教文化引领作用，重现南京作为江南佛教中心的光彩，重塑包含祈愿、斋食、清修、佛学会等一系列活动在内的体系化的佛教文化旅游资源。

（五）文学艺术文化资源开发

南京是中国文学艺术的重镇，在中国文艺发展史上有着极其重要的地位。自古至今，文艺人才辈出，高峰迭起，留下许多传诵千古的文艺佳作。比较集中的是在六朝、南唐、明代、清代、民国等时期。例如，六朝时出现了在文学艺术方面成就颇丰的谢灵运、谢朓、顾恺之、刘勰、王羲之、王献之等。南唐时期文艺方面的主要成就表现为，在诗词、绘画方面出现了李璟、李煜等诗人，及美术名家顾闳中、董源等。明代的南京在文学方面人才集聚，出现了一批卓越的文学家，如宋濂、刘基；在美术方面，著名的有沈周的吴门派、董其昌的松江派等；在书法方面，特别著名的有董其昌、黄道周等；在戏曲方面，有戏曲作家徐霖、陈铎，汤显祖在南京写成著名的《牡丹亭》并在南京演出。清代的南京文艺风格多样，在文学方面，有吴敬梓、曹雪芹、袁枚、方苞；在美术方面，以弘仁、髡残、石涛、朱耷"四僧"为代表，还有以龚贤为首的"金陵八家"；在戏曲方面，李渔著有《闲情偶寄》，洪昇在南京完成了名剧《长生殿》，孔尚任的《桃花扇》故事就发生在南京，是一部"实事实人"的历史传奇，代表了当时戏曲的最高成就。

就南京文学艺术文化旅游资源的开发现状而言，现阶段开发程度较低，南京历史上众多文化名人的潜在资源尚未被发掘，仍有很大的发展空间。例如，江宁织造博物馆曾数次举办《红楼梦》主题展览，下一阶段可打造成为全国"红迷"竞相拜访的唯一性文学艺术文化旅游资源。

（六）现代城市文化资源开发

目前，南京市老城改造和新区建设同步进行，主城在扩大，老城在扮靓，新区在崛起，主要景点有新街口商圈、青奥村、南京长江大桥、长江二桥、江苏展览馆、国际会展中心、江苏南京广播电视塔等。

就南京现代城市文化旅游资源的开发现状而言，由于南京不以现代化的城市风貌著称，未来应着重保存现有老城南以及民国街道和建筑尺度，形成南京独特的现代都市风格和传统民国风情相统一的城市文化旅游资源。

二　资源开发的障碍与问题

（一）文化旅游资源开发中存在重开发、轻保护和急功近利等短期行为

南京文化旅游资源的开发，普遍缺乏科学规划和资源保护，片面追求经济效益，资源破坏较为严重，开发中忽视保护，对资源和环境的重视不够，保护措施不力。保护与利用是旅游资源开发的最主要矛盾。值得注意的是，近年来，南京逐渐开始意识到放弃眼前利益，从名胜风景的长久发展着眼，平衡旅游资源的开发与保护，寻求南京文化旅游业的可持续发展。

（二）"低效性的整合"，导致文化旅游资源利用价值不高

由于保护开发利用的主体利益不清晰，缺乏创新意识和经营意识，存在着开发利用效益不高的情况，没有把丰富的文化资源转化为产业发展优势、城市品牌优势。具体表现在非物质文化遗产的开发利用方面，许多文化产品加工和制作水平不高，缺乏原创性或个性的历史文化产品。南京的历史文化保护工程最后的实施结果基本是改造成为高档的休

闲消费场所，如 1912 休闲街区、熙南里街区、颐和路 12 地块总部基地等，普通市民消费不起，缺少参与性，活力不足。

（三）文物古迹类旅游产品经营体制单一，管理与服务水平存在不足

南京的文物古迹景区景点收入结构比较单一。例如，南京夫子庙多次遭到中外游客对服务质量、经营方式、管理水平"不满意"的评价。因此，改善经营与服务水平，成为这些重点景点未来需要着力改进的重点工作。

（四）专题线路类旅游产品数量稀少，缺少品牌文化旅游专线

目前南京旅游还停留在"一日游"这种简单的产品阶段，不能满足高端游客对南京文化直接接触的愿望。因此，南京必须尽快推出鲜活的、动态性的文化旅游产品，打造"六朝文化""明文化""民国文化"、"夜秦淮"等文化旅游品牌，做好静海寺、中山陵、南京大屠杀遇难同胞纪念馆、雨花台、梅园新村等爱国主义旅游教育专线，深度开发夫子庙、朝天宫、民俗馆以及秦淮小吃、云锦等民俗文化旅游产品，保护和利用好孙中山、曹雪芹、朱元璋等历史文化名人资源，都是南京文化旅游资源的重点开发方向。

第五节　创新南京文化旅游资源开发路径

借鉴国内外文化旅游开发模式，把握旅游产业发展趋势，通过"五大"发展战略、"四大"创新路径，努力实现旅游空间全地域、旅游产品全时域、旅游景观全场域的建设目标，进一步推动南京文化旅游产业发展的转型升级。

一　"五大"战略

（一）国际化战略

以构建"国际文化旅游城市"为目标，在发展理念、运行机制、管理模式、人才培养、环境质量、服务标准、产品设计、营销策略等方面，推动南京文化旅游产业的国际化发展。充分利用大报恩寺（佛顶舍

利骨）等具有国际影响力的旅游资源和名城会等国际化事件，提高南京文化旅游的国际影响力和知名度。

（二）多元化战略

未来旅游产业的发展，不再是游览自然风光或者体验文化，而是走向全域旅游。尤其在"互联网＋"时代下，跨界与融合无处不在，要加强文化旅游与文化创意、现代农业、影视传媒、养老养生、教育医疗等产业的融合发展。要建立多元融合创新的产业投融资模式，采取 BT、BOT、PPP 等融资模式，建设一批品质高、影响力大、带动能力强的旅游综合体项目。

（三）品牌化战略

城市品牌化是城市管理的一项重要议题和任务。城市品牌建设是一个复杂工程，应该从大系统角度对城市的发展资源进行整合，把与城市品牌有关的部门联合起来，打造城市整体文化品牌，延伸品牌链条。

（四）智慧化战略

利用发达的互联网新媒体技术推动智慧旅游发展，实现城市智慧服务、智慧管理和智慧营销迈上新台阶，实现文化旅游产业创新发展。充分发挥科技创新优势，要变"客户思维"为"用户思维"，推进产品的创新与升级，提供新的供给。结合智慧南京建设，依托互联网、物联网、云计算/存储、下一代通信网络等先进的信息通信技术，实现旅游管理高效化、旅游服务品质化、旅游产业高级化和旅游体验高端化，构建南京智慧旅游体系。

（五）区域化战略

随着同城化和一体化效应的日益显现，要强化开放意识，突出竞合发展，积极参与区域间的分工协作，从城乡互游合作、南京都市圈城市旅游合作、长三角城市旅游合作、长江经济带城市旅游合作、沿高铁城市旅游合作等层次，形成"资源共享、优势互补、客源互动、景区组合、联合营销、信息联动"的区域合作格局。①

---

① 仇向洋、曹小磊：《南京市旅游产业发展战略规划研究》，《中国名城》2011 年第5 期。

二　发展路径

(一)　以战略思维谋划产业发展顶层设计

以国际视野和战略思维，通过超前谋划和科学论证研究，以规划作为指引方向，以提升政府服务职能、优化政策服务环境为保障，实现旅游产业与文化产业的互动发展。

一是强化规划引领作用。囿于部门分割的限制，目前关于文化旅游的规划主要由旅游部门和文化产业部门分别从旅游产业或者文化产业的角度展开研究，要实现文化旅游产业发展的顶层设计，首先要从政府管理的宏观角度，集聚有效资源，根据南京文化旅游资源的品质、禀赋、特征，加强对重点文化旅游资源的统筹规划和有机整合，完善市域范围内的文化旅游发展规划。同时，以总体规划为引领，分类编制文化古迹游、自然生态游、乡村风情游等文化旅游专项发展规划。二是建立专家咨询委员会。充分发挥南京高校和科研院所资源丰富的优势，成立南京文化旅游规划决策专家咨询委员会，对文化旅游规划、重大产业项目等进行咨询论证，担当对文化旅游产业发展进行高端策划的"智库"服务作用。三是加强政策和服务保障。落实国家和省市支持文化旅游产业发展的各项规划，高标准策划建设重点项目，提升文化旅游的核心竞争力。在具体实施过程中，以共性政策为主体，集中研究、统一制定，同时以个性策略为配套，先行先试、分步推行。树立全新发展理念，运用现代科学技术和现代管理方式，强化对文化旅游项目和产品的包装，吸引更多的文化创意产业落地。实现由政府办文化到企业办文化、由政府办文化到政府管文化的转变，推动政府对文化产业的管理由以行政手段管理为主到主要依靠市场引导为主的转变。

(二)　以创新理念培育文化旅游新兴业态

人们生活价值观的逐渐改变，带来对旅游认知和需求层次的不断提升，科技水平的突破创新为各种文化旅游新业态的呈现提供了支撑。为了顺应这种变化，进一步扩大文化旅游产业链，要在文化旅游产品、数字娱乐、创意体验等领域寻求新突破，重点发展研学旅游、乡村旅游、商务旅游、养生旅游、文化地产、体育旅游等新业态。

研学旅游贯穿了语言学习和参观游览，包括修学旅游、科考、培训、拓展训练、摄影、采风、各种夏令营冬令营等活动。充分利用南京深厚的历史文化底蕴、知名高校和文博场馆云集的优势，打造研学旅游基地。乡村旅游以"特色小镇，美丽乡村"为抓手，将旅游与社会主义新农村建设和城镇化相结合，不断完善乡村基础设施建设，丰富乡村旅游产品，优化乡村旅游环境，打造各具特色的乡村旅游基地。商务旅游包括商务旅游、会议会展、奖励旅游等，依托南京深厚的文化底蕴、良好的区位优势和雄厚的产业基础，充分利用"奥体中心""国展中心""南京国际博览中心"、星级酒店等良好的会展基础设施，吸引更多的国际会议聚焦南京。养生旅游包括养生、养老、养心、体育健身等健康旅游。依托老山、汤山等生态养生资源，以及南京中医药大学、中国药科大学等中医药高等院校，推进中医文化健康养生旅游发展。文化地产包括养老地产、文化地产等新业态。加快推进住宅产业现代化，提升住宅综合品质的同时，重点开发建设一批旅游度假区、休闲商业街、主题乐园、乡村旅游点、旅游养老等旅游房地产。体育旅游主要依托江北青奥体育公园、南京奥林匹克体育中心等体育资源优势，争取国内外有影响力的体育赛事和体育博览会落户南京，将体育旅游培育成为南京旅游的新亮点。

（三）以功能分区优化文化旅游空间布局

综合考虑文化旅游产业发展的定位、重点和能级，充分体现文化旅游融合的集聚形态、模式业态的多样性，以文化资源要素相关性、产业资源集聚度和文化消费服务供应链等为依据，形成"一核一圈、四带五区"的空间发展格局。

其中，"一核"指城市中心文化核。以明城墙以内的老城为空间载体，依托南京六朝古都、十朝都会的历史文化特色，形成集历史文化和现代文明为一体的城市中心文化核。"一圈"指乡村文化体验圈。沿绕城公路，串联城市四周文化旅游生态景区，丰富文化旅游的内涵，促进绿色涵养区保护和绿色产业发展，提升美丽乡村建设和新城建设的品质。"四带"，即长江滨江两岸风光带、秦淮河上下游风光带、明外郭—秦淮新河风光带、明城墙风光带。加快提升城市特色风光带的文化旅游功能，建成贯穿主城的历史文化和生态观光廊道。"五区"，即中央公园文化休闲区、秦淮文化传承区、现代休闲文化体验区、佛教文化体验区、主题公园功能区。其中，中央公园文化休闲区依托紫金山风景区和玄武湖风景区，以中山陵园风景区、紫金山顶、白马公园、太阳宫、明城墙风光带、九华山、六朝祭坛等重点项目为支撑，突出历史文化遗产和自然文化遗产保护等主导功能；秦淮文化传承区包括老门东历史文化街区、贡院街精品文化休闲街、桃叶渡文化风情街、熙南里历史文化街区等一批文化街区，夫子庙、大报恩寺等一批文化景区，突出南京地域文化传承的主导功能，重点推动创意设计、演艺消费、文化旅游等产业集聚；现代休闲文化体验区依托江北青奥体育公园、江北文化演艺综合体、江苏大剧院、南京青奥大剧院、南京国际博览中心、南京奥林匹克体育中心、南京国际青年文化中心、南京绿博园、大明文化旅游区等文化体育场馆，突出演艺会展服务、文化体育融合等主导功能，重点推动演艺交流、艺术展演、体育赛会、展陈装饰、会展配套等产业集聚；佛教文化体验区以佛顶骨舍利为核心，依托栖霞山文化创意产业集聚区、大报恩寺遗址公园、牛首山文化旅游区，突出佛教文化旅游体验等主导功能，重点发展佛禅文化产业；主题公园功能区以华侨城欢乐谷项目、仙林万达茂、江宁汤山温泉旅游度假区、南京世茂、梦工厂、南京银杏湖主题乐园等主题休闲区域为载体，大力推动以酒店业、演艺业等为代表的文化娱乐产业发展。

（四）以品牌优势增强文化旅游产品营销

从历史文化资源的角度审视南京的城市品牌，形成精品文化旅游线路，在重要的科技网络平台展开营销活动和旅游评介活动，推动旅游管理、旅游服务和旅游营销的有机衔接，增强文化旅游业的互动性，实现文化旅游业的深度融合。

一是打造三大具有世界影响力的品牌，包括世界遗产品牌、佛教文化品牌和事件节庆品牌。以明孝陵等世界文化遗产为基点，提升明文化、民国文化与和平文化的国际影响力。依托牛首山文化旅游区，将南京打造成世界级佛教文化展示、交流平台和旅游览胜的重要目的地。对现有的各类旅游节庆或者纪念日进行系统梳理和精练，集中精力打造其中1—2个标志性的旅游、节庆品牌。二是加强城市文化旅游形象宣传，成立专项资金用于城市形象宣传。将城市文化旅游品牌宣传推介纳入全市外宣工作总体部署，深化与中央电视台等国家主流媒体以及境内外目标客源地特色媒体的合作，加强对社交型、移动终端类等网络新媒体的运用，整合各景区现有宣传推介平台，实现一站式打包营销，形成整体外宣合力。三是大力开拓文化旅游市场。国内市场重点开拓省内周边城市、省会城市群经济圈及长三角等目标客源市场，积极开拓京津冀、珠三角等区域机会市场。入境旅游市场重点拓展我国港、澳、台市场，稳步提升日本、韩国及东南亚市场，积极开拓欧美、俄罗斯市场。四是整合宣传推介资源。整合全市重要节庆活动、重大庆典活动，传承弘扬地方多元特色民俗文化，提升国际知名度和美誉度。整合传统媒体和新媒体等资源，在充分利用好传统媒体的基础上，进一步开发利用互联网、微博、微信等新媒体手段，实现精准推介、精准营销。五是加强精品线路的策划与开发。立足现有文化旅游资源，对接市场需求，策划开发一批"一日游""二日游""三日游"精品线路。重点策划以紫金山、玄武湖城市中央公园为核心的山水风光游；以明皇故迹、郑和文化为特色的大明文化游；以夫子庙—秦淮河风光带为主线的秦淮风情游；贯穿牛首山、大报恩寺、栖霞寺等名寺集群的佛教文化游；以总统府等民国遗迹、美龄宫等名人探寻为重点的民国文化游；以雨花台烈士陵园、侵华日军南京大屠杀遇难同胞纪念馆为核心的红色文化游；以南京博物院、中科院紫金山天文台等文博和科普场馆为依托的文博科技游；以重点打造的特色小镇为主题的乡村体验游；集中了温泉度假、旅游购物等设施的休闲度假游。

参考文献

著作

1. 〔挪威〕安德鲁·塔隆：《英国城市更新》，杨帆译，同济大学出版社2017年版。

2. 〔澳〕希拉里·迪克罗、〔加〕鲍勃·麦克彻：《文化旅游》（当代旅游研究译丛），朱路平译，商务印书馆2017年版。

3. 〔墨〕豪尔赫·桑切斯·科尔德罗：《文化遗产保护要案》，文物出版社2016年版。

4. 〔挪威〕约翰·加尔通：《和平论》，陈祖洲等译，南京出版社2006年版。

5. 〔德〕伊曼努尔·康德：《永久和平论》，上海人民出版社2005年版。

6. 〔日〕池尾靖志主编：《和平学入门》，池建新、朱庆华译，南京出版社2004年版。

7. 〔英〕安德鲁·瑞格比：《暴力之后的正义与和解》，译林出版社2003年版。

8. 〔德〕海因里希·贝克：《文明：从"冲突"走向和平》，中国社会科学出版社1998年版。

9. 〔美〕斯皮克曼：《和平地理学》，商务印书馆1965年版。

10. 单霁翔：《文化遗产保护国际视野》，天津出版社2017年版。

11. 李和平、肖竞：《城市历史文化资源保护与利用》，科学出版社2017年版。

12. 广州市城市更新局编著：《更新之路：广州旧城保护》，中国建筑工业出版社 2017 年版。

13. 季国良：《近代外国人在华建筑遗存的遗产化研究》，东南大学出版社 2016 年版。

14. 卓新平、蒋坚永：《"一带一路"倡议与宗教对外交流》，社会科学文献出版社 2016 年版

15. 中共江苏省委党史工作办公室、中共南京市委党史工作办公室、雨花台烈士陵园管理局编：《雨花魂》，中共党史出版社 2015 年版。

16. 中共南京市委党史工作办公室编：《南京地区抗日战争史》，中共党史出版社 2015 年版。

17. 唐荣编著：《吴越人家吴越文化特色与形态》，现代出版社 2015 年版。

18. 张立生：《我国佛教旅游开发模式创新与案例》，科学出版社 2015 年版。

19. 张宏梅、赵忠仲主编：《文化旅游产业概论》，中国科学技术大学出版社 2015 年版。

20. 叶南客、谭志云、李惠芬：《南京百年史·综合卷》，南京出版社 2014 年版。

21. 赵德兴、付启元：《南京百年史·文化卷》，南京出版社 2014 年版。

22. 本书编委会：《南京历史文化资源读本》，南京出版社 2014 年版。

23. 石云涛：《丝绸之路的起源》，兰州大学出版社 2014 年版。

24. 未小橘编著：《人文江苏》，广东旅游出版社 2013 年版。

25. 王强：《北京市历史文化资源若干典型案例研究》，经济科学出版社 2013 年版。

26. 范金民、杨国庆等编：《南京通史·明代卷》，南京出版社 2012 年版。

27. 朱成山等：《和平学概论》，南京出版社 2012 年版。

28. 中共南京市委党史工作办公室编：《中共南京 1919—2011 历史画卷》，南京出版社 2011 年版。

29. 南京市江宁区文化志编纂委员会编：《江宁区文化志》，南京出版社 2011 年版。

30. 沈福伟：《丝绸之路中国与西亚文化交流研究》，新疆人民出版社

2010 年版。

31. 胡阿祥、李天石、卢海鸣编著：《南京通史·六朝卷》，南京出版社 2009 年版。

32. 孟建、何伟、张秉礼：《城市形象软实力》，复旦大学出版社 2008 年版。

33. 南京市明城垣史博物馆编：《南京城墙砖文》，南京师范大学出版社 2008 年版。

34. 薛冰：《南京城市史》，南京出版社 2008 年版。

35. 孟建、何伟、张秉礼：《城市形象与软实力：宁波市形象战略研究》，复旦大学出版社 2008 年版。

36. 刘成：《和平学》，南京出版社 2006 年版。

37. 闵学勤：《感知与意象——城市理念与形象研究》，东南大学出版社 2007 年版。

38. 周朝霞：《多维视角的城市形象定位、设计及传播》，经济科学出版社 2006 年版。

39. 章剑华主编：《文化与城市性格》，南京出版社 2005 年版。

40. 叶皓主编：《金陵特色文化》，南京出版社 2005 年版。

41. 南京市地方志编纂委员会办公室编纂：《南京民俗志》，方志出版社 2003 年版。

42. 张鸿雁：《城市形象与城市文化资本论——中外城市形象比较的社会学研究》，东南大学出版社 2002 年版。

43. 韩洪文：《二十世纪的和平研究：历史性考察》，当代中国出版社 2002 年版。

44. 何方：《论和平与发展时代》，世界知识出版社 2000 年版。

45. 荣斌、徐世典：《中国历史文化名城》，山东友谊出版社 1996 年版。

46. 彭振刚编校：《秦淮风俗》，南京出版社 1995 年版。

47. 马伯伦主编：《南京建置志》，海天出版社 1994 年版。

48. 和平与发展研究中心：《和平与发展》，和平与发展杂志社 1993 年版。

49. 杨宽：《中国古代都城制度史研究》，上海古籍出版社 1993 年版。

50. 陈济民主编：《金陵掌故》，南京出版社 1991 年版。

51. 中国古都学会编：《中国古都研究》（第二辑），浙江人民出版社 1986 年版。

期刊与报纸

1. James E. Young, "The Texture of Memory-Holocaust Memorial and Meaning", *Art Journal*, Vol. 53, No. 1, 1994.

2. Yechiam Weitz, "Political Dimensions of Holocaust Memory in Israel during the 1950s", *Israel Affairs*, Vol. 1, No. 3, 1994.

3. 经盛鸿：《"南京大屠杀死难者国家公祭日"设立的历史背景与现实意义》，《扬州大学学报》（人文社会科学版）2015 年第 5 期。

4. 叶欣：《国家公祭：社会记忆与国家认同》，《河海大学学报》（哲学社会科学版）2015 年第 2 期。

5. 秦在东、肖薇薇：《雨花英烈精神的科学内涵、现实功能及时代价值》，《学校党建与思想教育》2015 年第 12 期。

6. 刘迪香：《南京保卫战殉国将领萧山令述评——兼论国家记忆在地方城市之建构》，《城市学刊》2015 年第 7 期。

7. 王义桅：《论"一带一路"的历史超越与传承》，《学术前沿》2015 年第 5 期。

8. 王来兵：《南京雨花台烈士陵园建筑空间中的政治话语》，《改革与开放》2015 年第 9 期。

9. 张远鹏、曹晓蕾、张莉：《江苏省与 21 世纪海上丝绸之路沿线国家合作交流项目》，《东南亚纵横》2014 年第 11 期。

10. 陈始发、李立娥：《红色文化资源研究的历史考察》，《理论与实践》2014 年第 8 期。

11. 刘淑萍、彦薇薇：《南京大屠杀死难者国家公祭的伦理意蕴》，《南京政治学院学报》2014 年第 6 期。

12. 刘赐贵：《推进 21 世纪海上丝绸之路建设的若干思考》，《当代中国史研究》2014 年第 5 期。

13. 何其鑫、向国华：《红色文化资源在培育社会主义核心价值观中的应用》，《江西社会科学》2013 年第 10 期。

14. 刘定禹：《红色文化资源开发的四维视阈》，《学术交流》2013 年第

8 期。

15. 冯定雄：《新世纪以来我国海上丝绸之路研究的热点问题述略》，《中国史研究动态》2012 年第 4 期。

16. 周长山：《日本学界的南方海上丝绸之路研究》，《海交史研究》2012 年第 2 期。

17. 刘琨：《红色文化的经济价值和品牌效益研究》，《经济与管理》2012 年第 2 期。

18. IUD 中国政务舆情监测中心：《城市精神 = 城市特色 + 时代要求 + 广泛共识 + 易于传诵》，《领导决策信息》2011 年第 11 期。

19. 冯东飞、韩琳：《延安红色文化资源在思想政治理论课中的育人功能》，《思想政治教育研究》2011 年第 2 期。

20. 谭伟平、刘克兵：《论湖南和平文化资源的整合与旅游开发》，《求索》2011 年第 12 期。

21. 张吉雄：《论红色文化资源在社会主义核心价值体系教育中的运用》，《南昌航空大学学报》2010 年第 4 期。

22. 张国刚：《丝绸之路与中西文化交流》，《西域研究》2010 年第 1 期。

23. 朱成山、赵德兴、陈俊峰、付启元、袁志秀、朱天乐：《南京构建国际和平城市研究》，《南京社会科学》2007 年第 1 期。

24. 王树人：《革命烈士"狱中诗"和"就义诗"》，《党史博览》2007 年第 7 期。

25. 陈怀凡：《国际上的"和平文化"运动》，《当代世界》2006 年第 4 期。

26. ［挪威］约翰·加尔通：《和谐致平之道》，《新华文摘》2005 年第 14 期。

27. ［美］卡罗尔兰克：《回顾与展望：美国和平学的起源与发展》，《新华文摘》2005 年第 14 期。

28. 沈山、祁豫玮、林炳耀：《文化都市：形象定位与建设策略——以南京市为例》，《人文地理》2005 年第 4 期。

29. 刘成：《西方国家和平学研究综述》，《国外社会科学》2005 年第 2 期。

30. 马驰:《城市精神的内涵在于人》,《社会观察》2005 年第 4 期。

31. 石希欣:《充分挖掘和平文化资源促进经济社会协调发展》,《文化与产业研究》2005 年第 1 期。

32. 阿伦·亨特:《"什么是和平研究"——学科发展史》,《学海》2004 年第 3 期。

33. 秦麟征:《从战争文化走向和平文化》,《国外社会科学》2000 年第 1 期。

34. 李洪甫:《南京与海上丝绸之路》,《文博》1992 年第 6 期。

35. 《习近平在南京大屠杀死难者国家公祭仪式上的讲话》,2014 年 12 月 13 日,新华网。

36. 叶南客、付启元:《创建"国际和平城市"提升南京国际影响力》,《南京日报》2017 年 4 月 2 日。

37. 叶南客:《让和平成为南京新名片》,《新华日报》2014 年 12 月 12 日。

38. 叶皓:《重读南京》,《光明日报》2010 年 3 月 2 日。

39. 《让和平之花绽放时代的芬芳》,《人民日报》2003 年 11 月 1 日。

后　记

城市是文化的容器，城市的发展离不开历史文化的传承。城市发展当以文化传承为先，以文化创新为本。习近平总书记指出，历史文化是城市的灵魂，要像爱惜自己的生命一样保护好城市历史文化遗产。做好城市文化的传承与创新是当下城市发展的正确之道。传承和创新属于城市自身的文化，才能永远葆有鲜明的特色，永远葆有蓬勃的生机。

南京作为六朝古都，十朝都会，具有丰富的历史文化资源，形成了都城文化、和平文化、红色文化、佛教文化等多元系列品牌。南京市社科院课题组围绕南京文化的传承与创新问题展开了系列研究，形成了丰富的研究成果，不少成果得到了省市有关领导的批示，部分成果转化为政府政策与法规文件。

本书是江苏省哲学社会科学重大规划项目《南京城市文化的继承与创新研究》的最终成果。具体章节的执笔人如下：谭志云（绪论、第一章、第二章）；付启元（第五章、第六章）；李惠芬（第三章、第四章）；王聪（第七章、第八章）。江苏省委宣传部副部长徐宁、《群众》杂志副总编李程骅教授对本书进行了审读。南京市社科院院长叶南客研究员、南京市社科院副院长张石平对本书的写作给予了悉心指导和审阅。

在课题研究和书稿写作过程中，我们得到了一些专家、学者和相关部门的关心和帮助，在此表示感谢。感谢中国社会科学出版社的责任编辑为本书的出版付出的辛劳。由于撰稿时间较为仓促，难免有疏漏和偏颇之处，敬请方家不吝赐教。

南京市社科院课题组

2017 年 9 月